江苏省高级人民法院
公 报

GAZETTE OF THE HIGHER PEOPLE'S COURT OF JIANGSU PROVINCE

江苏省高级人民法院 编

法 律 出 版 社
——北 京——

图书在版编目(CIP)数据

江苏省高级人民法院公报. 2023年. 第1辑：总第85辑／江苏省高级人民法院编. -- 北京：法律出版社，2023
ISBN 978-7-5197-8212-2

Ⅰ. ①江… Ⅱ. ①江… Ⅲ. ①法院-文件-汇编-江苏-2023 Ⅳ. ①D926.229

中国国家版本馆CIP数据核字(2023)第151325号

江苏省高级人民法院公报
(2023年第1辑:总第85辑)
JIANGSUSHENG GAOJI RENMIN FAYUAN GONGBAO
(2023 NIAN DI-1 JI:ZONG DI-85 JI)

江苏省高级人民法院 编

责任编辑 冯高琼
装帧设计 汪奇峰 贾丹丹

出版发行 法律出版社
编辑统筹 法规出版分社
责任校对 张红蕊
责任印制 耿润瑜
经　　销 新华书店

开本 A4
印张 4.75　**字数** 95千
版本 2023年11月第1版
印次 2023年11月第1次印刷
印刷 三河市兴达印务有限公司

地址:北京市丰台区莲花池西里7号(100073)
网址:www.lawpress.com.cn
投稿邮箱:info@lawpress.com.cn
举报盗版邮箱:jbwq@lawpress.com.cn

销售电话:010-83938349
客服电话:010-83938350
咨询电话:010-63939796

书号:ISBN 978-7-5197-8212-2　**定价**:15.00元

凡购买本社图书,如有印装错误,我社负责退换。电话:010-83938349

江苏省高级人民法院公报

2023 年第 1 辑(总第 85 辑)

江苏省高级人民法院工作报告

——2023年1月17日在江苏省第十四届人民代表大会第一次会议上

江苏省高级人民法院院长　夏道虎

各位代表：

现在，我代表江苏省高级人民法院向大会报告工作，请予审议，并请各位政协委员提出意见。

过去五年的主要工作

过去的五年，在省委坚强领导下，在省人大及其常委会有力监督下，省法院坚持以习近平新时代中国特色社会主义思想为指导，深学笃行习近平法治思想，全面贯彻党的十九大、二十大和省第十三次、十四次党代会精神，认真落实省十三届人大历次会议决议，紧扣“努力让人民群众在每一个司法案件中感受到公平正义”工作目标，坚持司法为民、公正司法工作主线，确立“打造高质量司法、服务高质量发展”工作思路，忠实履行宪法法律赋予的职责，推动全省法院工作持续走在全国前列，为“强富美高”新江苏现代化建设提供有力司法服务和保障。全省法院共受理案件1021.8万件，审执结998.1万件，结案标的额7.1万亿元，分别比前五年上升44.3%、47.9%、178.9%，其中省法院受理案件11万件，审执结9.5万件，分别上升90.8%、80%。

一、贯彻新发展理念，服务高质量发展

打造一流法治化营商环境。聚焦提升江苏法治核心竞争力，推进南京法治园区建设，一批优质司法资源进驻，吸引一批国内外高端法律服务资源向园区集聚。贯彻省优化营商环境行动计划，树立“案案都是营商环境”理念，一审审结商事案件75.3万件，标的额8748.7亿元。服务保障全国统一大市场建设，出台26条措施，审结平台强制“二选一”、大数据杀熟等垄断和不正当竞争案件2332件。服务长三角一体化发展，与沪浙皖法院建立9项协作机制，推进信息全域共享、法律适用统一。妥善化解新型基建、产业升级等领域矛盾纠纷，保障沿江高铁、京沪高速扩容等重大项目实施。完善企业信用治理，联合省发

改委等部门建立破产重整企业信用修复机制，开展“优化法治化营商环境执行年”1+4专项行动，为47794家失信企业修复信用；开展与个人破产制度功能相当的改革试点，为64名诚信的创业失利者提供东山再起的机会。在全国率先实现企业破产处置府院联动机制省市县全覆盖，审结破产案件1.4万件，释放沉淀资产1万多亿元，安置职工23.9万人，盘活土地房产1.9亿平方米，一批企业经清算有序退出市场，南京建工、申特钢铁等972家企业经重整获得新生。

依法保护产权和企业家权益。坚持“两个毫不动摇”，制定相关司法文件20余份，与省工商联建立服务民营经济协作机制，依法平等保护各类市场主体，严格区分经济纠纷与经济犯罪，对不构成犯罪的民企负责人依法宣告无罪，让企业家敢闯敢干、安心经营。开展“法润民企”“六访六助”等活动，走访企业3.2万家，促进企业防范风险、合规经营。强化善意文明司法，利用“物联网+执行”“放水养鱼”等柔性执行方式，最大限度减少对企业生产经营的影响。扬州某被执行企业手握亿元订单，但因厂房租赁纠纷败诉被申请限期搬离，法院组织十余轮磋商促成延期搬离，并帮其找到新厂房，保障了接续生产、按时交货。

服务创新驱动发展。在全国率先实施最严格知识产权司法保护，出台36条措施，创新审判机制和裁判规则，新增无锡、徐州知识产权法庭，4家知产法庭全国最多，一审审结知产案件10.7万件。加大侵权损害赔偿力度，对298件案件适用惩罚性赔偿，最高判赔2亿元。创设知识产权省级执法司法协作机制，成立南京都市圈知识产权保护联盟，增强保护合力，在国家知识产权局知产保护社会满意度调查中，江苏得分全国第一。审结华为公司与康文森公司专利权案等一批在全国具有标杆意义的案件，保护重大发明成果和技术创新，助企攻坚“卡脖子”难题。某外国企业状告江苏微导公司专利侵权，法院依法认定利用已公开技术消化吸收再创新不构成侵权，促进国内半导体产业创新发展。出台服务数字经济发展14项措施，设立互联网知识产权保护调研基地，审理全国首例恶意干扰百度搜索排序结果的“万词霸屏”案，依法打击网络黑灰产业。审结涉粮食新品种案244件，依法保护“农业芯片”。强化著作权保护，审理《流浪地球》、“童话大王”郑渊洁作品被盗版等重大案件。江苏两项创新举措获评知识产权强国建设首批典型案例，2个案例入选世界知识产权组织典型案例，省法院连续三年被国家版权局评为打击侵权盗版有功单位。

服务美丽江苏建设。深入践行“两山”理念，设立全国首家环境资源法庭，首创环境资源审判“9+1”机制，被中央深改委办公室向全国推介，审结环资案件4.3

万件。聚焦打好污染防治攻坚战，审结环境污染案件1402件。贯彻长江保护法，审结相关案件814件。审理“3·07长江特大非法采砂案”，在全国首次主动跨省移交生态修复金，促进长江全流域一体化保护；审理“高邮湖特大电捕鱼案”，农业农村部组织21省渔业主管部门负责人旁听庭审，促进环境司法与行政执法有效互动。强化滩涂湿地保护，审理高公岛紫菜养殖非法占海系列案，依法支持行政机关强制执行，累计清退非法养殖4500亩，有效改善近海环境。加强生物多样性保护，设立全国首家生物多样性司法保护馆，审理“特大走私象牙案”“非法捕捞长江鳗鱼苗案”等一批具有全国影响的大案要案。首创全链条追责、劳务代偿等一批裁判规则和执行机制，建立长江新济洲、海洋牧场、条子泥等42个生态修复基地，推广异地补植、增殖放流等生态修复新模式。增强全民环保意识，编写《漫画生物多样性保护》被央视《读书》栏目作为特色好书专题推荐，以江苏环境司法为背景的环保大剧《江河之上》即将开播。省法院在世界环境司法大会上作专题发言，展示江苏环境司法生动实践，4个案例入选联合国环境规划署典型案例。

服务高水平对外开放。在全国率先设立苏州、无锡两个地方国际商事法庭，新设3个自贸试验区法庭，建立健全外国法查明和中立评估调解机制，着力打造国际商事纠纷解决优选地，一审审结涉外、涉港澳台案件11570件，涉及143个国家和地区，西门子、香奈儿等多家全球知名企业主动选择在我省提起诉讼，涉外商事判决得到美国、澳大利亚、埃塞俄比亚等国家承认和执行，涉外司法国际影响力和公信力显著提升。针对涉外司法领域长臂管辖、平行诉讼等问题，积极开展法律斗争，依法驳回28起案件外方当事人管辖权异议，坚决维护国家司法主权。服务“一带一路”交汇点建设，举办新亚欧陆海联运通道司法协作论坛，化解相关纠纷1457件。贯彻外商投资法，审结相关案件992件。在全国率先出台服务《区域全面经济伙伴关系协定》（RCEP）高质量实施举措，助力推进国际贸易和投资的自由化便利化。南京海事法院实现良好开局，3年受案8406件，跃居全国11家海事法院第4位。在一起船舶建造案中，挪威船东主动选择南京海事法院管辖，该院27天即化解持续5年多的国际纠纷，受到外方当事人由衷赞许。

服务保障常态化疫情防控。全省法院共组织48.4万人次投入一线防控，省法院出台21份司法文件，强化疫情应对分类指导，建成互联网司法新模式，在线立案、在线开庭、在线调解、在线执行成为司法新常态，实现审判执行不停摆、公平正义不止步。依法打击暴力伤医、制假售假等涉疫犯罪，一审审结此类案件962件。落实“苏政40条”，出台12条司法措施，为企业纾困，帮群众解难。苏州中院调解两起案值达5.5亿元的金融案件，引导双方达成延期还款协议，盘活企业流动资金。南通、睢宁等法院协助破产重整企业恢复防疫物资生产，实现各方利益共赢。4个案例入选全国法院服务保障复工复产典型案例。

二、贯彻总体国家安全观，保障高水平安全

严惩危害国家安全和社会稳定犯罪。一审审结刑事案件37.5万件，判处罪犯52.6万人。严惩煽动颠覆国家政权、间谍窃密、邪教等犯罪，坚决维护国家政权安全、制度安全。严惩严重践踏基本人权、严重挑战法律和伦理底线的犯罪，对暴力抗法袭警的马氏兄弟、杀害南医大女学生的麻继钢、杀害瘫痪老人的保姆虞海娣等罪大恶极犯罪分子依法判处死刑。严惩毒品犯罪，审结相关案件13102件。2022年八类严重暴力犯罪受案数比2017年下降35.7%，江苏被公认为全国最安全省份之一。

维护群众生产生活安全。严厉打击电信网络诈骗犯罪，从严从快审结案件6020件，为群众挽回损失6.9亿元；对被告人达800多名的“10·30”跨境电信网络诈骗案、涉案金额近30亿元的“创赢集团”网络诈骗案罪犯依法严惩。参与打击整治养老诈骗专项行动，审结案件141件，对虚构“地宫穴位”等涉老项目，骗取资金近19亿元的朱国华依法顶格判处无期徒刑。在东鼎保健品诈骗案中，常州法院会同有关部门为418名受害老年人，全额追回1161万元“养老钱”。严惩制售“毒牛肉”、生理盐水假冒疫苗等犯罪，守护食药安全。严惩高空抛物、抢夺方向盘、偷盗窨井盖等犯罪，守护出行安全。严惩重大责任事故犯罪，守护生产安全。审理全国首例“暗网”传播淫秽物品案、网络“爬虫”侵入直播平台盗取用户信息案，守护清朗网络环境和个人信息安全。

扎实推进扫黑除恶。坚持依法严惩、不枉不纵，坚决“打伞破网”“打财断血”，一审审结涉黑涉恶案件1293件8843人、涉黑涉恶腐败及保护伞案件291件311人，处置“黑财”80.3亿元，对聂元元、索春瑞等黑恶势力组织者依法判处死刑，实施“套路贷”疯狂敛财的周化侠、“软暴力”非法讨债的龚品文、侵蚀基层政权的“沙霸”嵇玉东等一批为害一方的黑恶团伙受到依法严惩。推进扫黑除恶常态化，建立常治长效机制18项，发送司法建议1268件，促进重点行业领域专项整治。省法院连续三年被全国扫黑办表彰为扫黑除恶先进单位。

始终保持反腐败高压态势。坚持“打虎拍蝇”不放松，完善监察与刑事司法衔接机制，一审审结贪污贿赂、渎职等犯罪案件4615件5800人，其中项俊波、陈刚等原中管干部9人，祁彪、杜荣良等原省管干部

64人。坚决惩治群众身边的“微腐败”，审结贪污挪用扶贫款、拆迁款、社保资金等犯罪案件401件。依法惩治“影子公司”“影子股东”等新型、隐性腐败犯罪，隐藏在安全生产事故、融资平台背后的腐败犯罪，一批“靠企吃企”、以权谋私的腐败分子受到严惩。落实受贿行贿一起查，审结行贿类案件544件，追缴行贿非法获利11.8亿元，斩断“围猎”腐蚀利益链。

防范化解风险隐患。一审审结金融案件46.8万件，标的额5506.2亿元，依法维护金融安全。妥善审理证券、期货等重大案件，审结“原油宝”系列案件全国第一案，为依法高效处理这批波及全国的系列纠纷提供了范例；审结澄星股份破产和解案，有效化解上市公司退市风险。积极参与非法金融活动专项治理，审结“钱宝”“统资联”等重大非法集资案件180件，追赃222.7亿元；在全国率先开展“套路贷”及虚假诉讼专项整治，研发全国首个“套路贷”智能预警系统，对民间借贷等8类案件强化甄别防范，民间融资环境持续改善。妥善化解涉“问题楼盘”矛盾纠纷，淮安法院通过府院联动推进“淮海青年城”复工续建，实现拿房、办证、清债“三个百分百”；南通法院走访全市500家建筑企业，量身定制7大类26项行业风险提示手册，促进房企防范风险平稳发展。

维护国防利益和军人军属合法权益。制定20条司法措施，着力打造“钢铁长城、齐心共筑”司法拥军工作品牌，全省三级法院均设立涉军维权专门合议庭，畅通快审快执绿色通道，一审审结涉军案件2176件。常态化开展“送法进军营”活动，受到官兵欢迎。如期完成涉军停偿司法保障工作，审执结案件数占全国总数的1/8，南京中院受到中央军委表彰。

三、坚持人民至上，守护高品质生活

强化民生司法保障。立足司法推动解决人民群众急难愁盼问题，一审审结民事案件373.5万件，用心用情化解涉诉信访，努力增强群众司法获得感，5家法院获评全国首批“为民办实事示范法院”。设立全国首家地方劳动法庭，注重保护劳动者权益与促进企业健康发展并重，全省共审结劳动争议案件21.1万件。持续开展治理欠薪等涉民生专项执行行动，执行到位246亿元，其中为农民工追回“血汗钱”39亿元。会同省人社厅等部门出台新业态劳动者权益保护意见，审理外卖骑手“被个体户”案，破解网络用工劳动关系认定难问题。适用民法典审理“胚胎移植手术被拒”“医美整容失败索赔”案，妥善化解医患矛盾；审理“微信朋友圈骂人”“可视门铃侵犯邻居隐私”案，加强人格权保护；审理“老小区加装电梯受阻”“团长带货售假”案，促进和谐社区建设。通过一个个鲜活案例，让民法典走进千家万户，真正成为人民权利的保障书。

强化妇女儿童权益保护。坚决惩治针

对妇女儿童的暴力、虐待、拐卖和性侵害犯罪，审结相关案件11291件。参与妇女儿童权益保障问题专项整治，排查案件210万件，移送犯罪线索877条，对受害人及时救助。审结婚姻家庭案件53.6万件，发出人身安全保护令1309份。审理女职工“延长产假被解雇案”“诉请补发生育津贴案”，判令用人单位承担责任，维护女职工合法权益。守护未成年人健康成长，在全国率先实现三级法院少年审判机构全覆盖，审结涉少案件6.1万件，发出家庭教育令917份、从业禁止令134份，救助困境儿童582人。审理全国首例电竞酒店向未成年人提供上网服务案、未成年人网游充值退款案等案件，判令经营者停止违法行为，防范未成年人打赏主播、沉迷网游。贯彻教育感化挽救方针，推行心理疏导、轻罪记录封存等机制，我省未成年人再犯罪率保持在1.3%较低水平。

加强公共权益保护。强化涉英烈权益、消费、安全生产、环境资源等公益保护，会同有关部门完善消费公益诉讼赔偿金、生态修复金管理使用办法，审结检察机关和社会组织提起的公益诉讼1312件。审理“辣笔小球侵害英烈名誉案”“革命烈士墓地被侵占案”，以法治力量维护英烈形象、弘扬英烈精神，3个案例入选全国法院涉英烈权益保护十大典型案例。审理全国首例电视开机广告公益诉讼案，推动生产商设置开机广告“一键关闭”功能，保障消费者选择权。审理全省首例安全生产领域民事公益诉讼案，督促某居民区附近企业升级老旧生产设备，消除安全隐患。审理全省首例海洋领域非法采矿公益诉讼案，严惩越红线闯禁区盗采海砂行为，保护海洋自然资源。

全力兑现胜诉权益。完成“基本解决执行难”攻坚任务，保持执行工作高水平运行，以全国约1/20的执行人员承担了近1/10的执行案件，执结案件304.5万件，执行到位4522亿元。贯彻中央全面依法治国委“一号文件”，推动形成31家单位参与的综合治理、源头治理执行难工作格局。迭代升级执行“854”模式，运用信息化手段实现执行工作深刻变革。网络查控系统实现一键查询、线上控制，有效破解查人找物难，累计查控548.9万件次、冻结资金2570亿元。司法拍卖系统有效破解财产变现难题，有效防范暗箱操作和权力寻租，拍卖成交2410亿元，为当事人节约佣金120亿元。联合信用惩戒机制让严重失信被执行人“一处失信、处处受限”，63.9万人迫于信用惩戒压力主动履行了义务。建成智能执行指挥中心，显著提升执行效率，首次执行结案平均用时从154天缩短至81天，结案率从75.2%提高到97.1%。

服务全面推进乡村振兴。紧扣产业、人才、文化、生态、组织振兴，出台45条措施，建立23个司法服务乡村振兴实践基地，助力打造宜居宜业和美乡村。审理涉农电商、乡村文旅等案件，帮助农民增收致富。宜兴法院依托“法官+工作站”模式，服务“陶乡”、电缆城等产业发展。落实最严格耕地保护制度，严惩破坏土地资源犯罪，审结土地“三权”分置案件17562件。镇江法院妥善化解山水湾公司土地承包纠纷，900亩特色农业承包协议得以继续履行，射阳法院妥善化解融通公司万亩养殖水面清退纠纷，促成企业追加4.5亿元投资，既保障了村民收入和企业发展，又改善了基础设施和生态环境。

四、夯实法治根基，助推高效能治理

全面推行一站式多元解纷和诉讼服务。坚持把非诉讼纠纷解决机制挺在前面，着力打造一站式解纷“门诊部”，会同司法行政机关在三级法院统一设立“非诉讼服务分中心”，整合7种非诉解纷资源；建立30多项诉调对接机制，与省银保监局、省总工会等13家单位建立在线诉调对接机制；开通“江苏微解纷”线上平台，2653个调解组织和1.5万名调解员进驻，平均每分钟在线化解纠纷11起；推行“示范诉讼+集中调解”机制，解决一个，化解一片。宿迁法院“四调并进”解纷体系获评全国法院一站式建设十大典型经验。打造“家门口式”诉讼服务，开发全域诉服平台，当事人办理立案、保全等诉讼事项，就近选择任一法院，即可实现“一窗通办、一站全办、跨域联办”。推广律师服务平台，律师网上参与诉讼“一码通行”。

深度参与基层社会治理。创新和发展新时代“枫桥经验”，把定分止争职能从传统开庭审判向纠纷产生的前端和源头延伸，推动“民事案件万人起诉率”纳入地方综治考核全覆盖，“无讼村居”创建全覆盖，“审务进基层、法官进网格”全覆盖。法官进网格参与化解纠纷176万起，诉前成功调解130万起，案件总量由五年前的连续四年全国第一下降到去年的全国第三。发挥人民法庭解纷前沿阵地作用，深化“一法庭一品牌”创建，“法润乡风”“左邻右理”等品牌深受群众认可。泰兴宣堡法庭在审理一起“天价彩礼棒打鸳鸯”案时，指导村民代表大会把婚丧嫁娶不铺张写入村规，明确彩礼不超3万元，既让有情人终成眷属，又破除了陈规陋习，被央视《乡理乡亲》深度报道。

监督支持依法行政。一审审结行政案件83349件，服务“放管服”改革和法治政府建设。加大涉房屋土地、城市治理、社会保障等行政案件审判力度，依法维护群众合法权益。加强行政执法与司法良性互动，联合省司法厅建立预防化解行政争议7项机制，行政机关负责人出庭应诉率保持在95%左右，盐城、镇江、苏州地区达100%，有效促进行政争议实质化解。在全国率先开展行政诉讼法律援助试点，两年多来办理法援案件3077件，实现受援人数和服判息诉率双上升。审理“未婚女5次被结婚”案，确认冒名婚姻登记行为无效，

“两高两部”为此专门出台文件，畅通法律救济渠道。南通中院与依法治市办在全国首创行政行为自我纠正制度，促进行政争议源头治理，被省行政程序条例立法吸收。

弘扬社会主义核心价值观和中华优秀传统文化。发挥司法教育、评价、指引、规范功能，审理“空巢老人要求子女探望案”，弘扬敬老爱老美德；审理“业主为小区捐赠滑梯被索赔案”，弘扬乐善好施美德；审理“女童热心助人致伤案”，弘扬助人为乐美德；审理“乘客无视黄灯警告抢上地铁受伤案”，杜绝“谁受伤谁有理”的“和稀泥”做法；审理“小偷逃逸跳河溺亡案”，依法判决见义勇为不担责。成立中国法学会案例法学研究会江苏研究基地，发布法治和德治相结合典型案例 50 个。落实普法规划，编写《漫画民法典》，上榜“2020 年度影响力图书”；面向全省中小学生推出“法治第二课堂”，运用真实案例开展“沉浸式”普法，丰富“双减”政策后的“课后两小时”；推出系列普法剧《第十五法庭》，刷新同时段收视纪录，视频播放量超 2 亿次。通过以案释法，用有力量、有是非、有温度的司法裁判，讲好法治故事，弘扬法治精神，引领社会风尚。

五、深化司法改革，打造高质效审判

强化司法制约监督。厘清审判执行权力边界，明确 8 类办案人员权责清单 203 条，细化合议庭、专业法官会议、审委会运行规则，确保履职有据、用权规范。实行办案全流程监管，上线院庭长监督管理系统，实现全程留痕、实时查询、及时追溯。出台业务指导文件 111 份，发布参阅案例 153 个，实施类案强制检索，严防“类案不同判”。以公开促公正、以透明保廉洁，庭审直播和上网裁判文书数量持续位居全国前列，让正义以看得见的方式实现。坚持入额必办案，实现员额法官能进能出、能上能下、动态调整。在全国率先推进法官惩戒实质化运行，对不实举报及时澄清正名，确保违法审判必被问责、依法办案不受追究。

提高诉讼程序效能。深化以审判为中心的刑事诉讼制度改革，发挥庭审在查明事实、认定证据、保护诉权、公正裁判中的决定性作用，推进律师辩护全覆盖，适用认罪认罚从宽制度审结案件 23 万余件，对 34 名公诉案被告人、147 名自诉案被告人依法宣告无罪，审结国家赔偿案件 1773 件，司法救助 18585 人，切实保障人权。强化减刑假释案件实质化审理，严防“提钱出狱”“纸面服刑”，倒查 30 年来“减假暂”案件 80 余万件，依法纠正违规违法问题 77 件。开展繁简分流改革试点，提炼试点经验，为民事诉讼法修改贡献了江苏智慧。开展审级职能定位改革试点，推动审判重心合理下沉，重大典型案件提级管辖有效激活。通过程序赋能，案件质效核心指标位居全国前列，法官年均结案数由 257 件上升至 317.5 件，平均审理天数由 106.8 天下降至 63.2 天。

深化智慧法院建设。建成全业务网上办理、全流程依法公开、全方位智能服务的智慧法院，真正实现了为群众服务、为法官减负、让正义提速。大数据、云计算、人工智能等新兴技术司法应用场景不断拓展，文书智能生成、类案识别推送、区块链存证等技术深度应用，法官事务性工作减轻30%，庭审效率提高20%。诉讼文书集中送达中心实现全覆盖，有效破解送达难，首次送达成功率上升到83.6%，半数以上案件实现电子即时送达。研发全链条要素式审判应用系统，获评全国法院重大科技创新成果一等奖。“庭审云”等19个系统入选全国政法智能化建设创新案例。我省智慧法院建设综合指数位居全国第二，为中国特色互联网司法模式从技术领先迈向规则引领贡献了江苏力量。

六、全面从严管党治院，锻造高素质队伍

持续加强政治建设。开展“不忘初心、牢记使命”主题教育、党史学习教育，“两个确立”主题教育、“两个坚持”专题教育，引导干警永葆忠诚本色。认真贯彻政法工作条例及省委实施意见，严格执行重大事项请示报告制度，切实做好省委巡视整改。探索开展政治督察，配合地方党委对11家中级法院进行巡察。开展队伍教育整顿，坚决肃清沈德咏、王立科流毒影响，完成顽疾整改任务284项，出台江苏法院八条禁令等制度机制28项。实施基层组织力提升工程，6个党建品牌入选全国法院党建创新优秀案例。创作机关民谣《宁海路75号》等文化精品，2个项目入选全国法院文化建设特色项目。

持之以恒正风肃纪。严格落实中央八项规定及其实施细则精神，开展司法作风突出问题集中整治，严防“四风”问题反弹回潮。严格执行防止干预司法“三个规定”，广大干警逢问必记意识普遍增强。坚决清除害群之马，查处利用司法权违纪违法人员463人，追究刑事责任56人。扎实开展司法巡查、审务督察和队伍风险点排查整治，着力营造风清气正司法环境。

持续提升履职能力。突出实战实用实效导向，培训干警53万余人次。注重培养高层次、复合型领军人才，培育全国、全省审判业务专家155人，全省青年法学家10人，入选省“333工程”17人。强化人才梯队建设，招录“名校优生”80人。持续开展办案竞赛、技能比武、最美法官评选活动，15场庭审、29篇文书获评全国百优，57个案例入选最高人民法院指导性案例和公报案例，居全国首位。677个集体、1538名个人受到中央、最高人民法院和省有关部门表彰，“全国自强模范”王小莉、“人民满意的公务员”杜开林受到习近平总书记亲切接见，杨增超、戴宜等24名干警牺牲在岗位上，广大法院干警知重负重，用奉献和智慧应对案多人少，用信仰和担当守护公平正义，甚至用鲜血和生命诠释对党和人民的忠诚。

各位代表，自觉接受监督是践行全过程人民民主的必然要求，是确保司法权依法正确行使的重要保障。过去五年，全省法院向各级人大、政协报告专项工作1509次，邀请代表委员监督、见证审判执行活动10.6万人次，省两会交办的建议、提案188件全部办结，满意率100%。依法接受检察监督，审结抗诉案件1777件，办结再审检察建议4015件，共同维护司法公正。广泛接受社会监督，3.4万名人民陪审员参审案件93.7万件，召开新闻发布会3611场，及时回应社会关切。习惯在监督下办案正在成为法官的普遍自觉。

各位代表，全省法院工作的发展进步，根本在于习近平新时代中国特色社会主义思想的科学指引，离不开省委坚强领导、省人大及其常委会有力监督、省政府大力支持、省政协民主监督、省监委和省检察院监督，离不开市县党政机关和各级人大代表、政协委员以及社会各界关心支持。在此，我谨代表省法院一并表示衷心的感谢和崇高的敬意！

我们清醒认识到，全省法院工作还存在不少问题和困难，主要是：对司法实践新情况新问题研究解决不够，精准服务大局的能力水平有待提升；有的案件审判质量效率效果与群众期盼还有差距，就案办案、机械办案问题依然存在；司法权制约监督和责任体系仍需完善，司法改革综合配套举措落实存在差距；案多人少矛盾依然突出，一些领域高层次专业化审判人才短缺；少数干警司法作风不正甚至发生腐败问题，党风廉政建设需要持续加强。对此，我们将采取有力措施，努力加以解决。

今年工作总体安排

2023年，我们将以习近平新时代中国特色社会主义思想为指导，深入践行习近平法治思想，全面贯彻党的二十大精神，认真落实省委十四届三次全会精神，紧扣中心大局，依法履职尽责，奋力推进法院工作现代化，为中国式现代化江苏新实践开好局、起好步提供有力司法保障。

一是持续筑牢政治忠诚。坚持不懈用党的创新理论凝心铸魂，开展“大学习、大讨论、大调研”活动，深入学习宣传贯彻党的二十大精神。牢牢坚持党对法院工作绝对领导，全面加强政治建设，坚定拥护“两个确立”，坚决做到“两个维护”。严明政治纪律和政治规矩，深入贯彻政法工作条例及省委实施意见，不折不扣把中央、省委决策部署落到实处。

二是持续强化服务大局。着力打造一流法治化营商环境，不断提升法治核心竞争力，更好服务我省“走在前、挑大梁、多作贡献”。平等全面依法保护产权，维护企业家合法权益，弘扬契约精神，提振市场信心。强化知识产权司法保护，更好服务创新驱动发展。加强环境资源审判,更好服务美丽江苏建设。加强涉外审判,更好服务开放强省建设。依法惩治刑事犯罪,防范化解矛盾风险,积极参与社会治理,推进平安江苏、法治江苏建设。

三是持续推进为民司法。站稳人民立场,增强群众感情,妥善审理教育、就业、医疗、住房等涉民生案件,加强妇女、儿童、老年人、残疾人权益保护。强化行政争议实质化解,维护行政相对人合法权益。纵深推进"切实解决执行难",更好兑现胜诉权益。提升一站式多元解纷和诉讼服务体系综合效能,着力解决群众急难愁盼问题,让人民群众切实感受到公平正义就在身边。

四是持续深化司法改革。深化司法体制综合配套改革,全面准确落实司法责任制,从体制机制上保障严格公正司法。深化司法权力制约监督体系建设,纵深推进以审判为中心的诉讼制度改革,加强知产、海事、环资等专业化审判体系建设,完善法律统一适用机制,着力提升审判质效和公信力。深化人员分类管理改革,加强法官单独职务序列管理。巩固拓展智慧法院建设成果,以科技促公正、向科技要效率,努力创造更高水平数字正义。

五是持续锻造过硬队伍。一刻不停推进全面从严管党治院,巩固深化队伍教育整顿成果,坚持以严的基调强化正风肃纪、严惩司法腐败。加强司法能力建设,加大紧缺司法人才培养储备力度。更加自觉接受监督,诚恳听取意见建议,持续推动法院工作高质量发展。

各位代表,新的一年,我们将在省委坚强领导下,在省人大及其常委会有力监督下,认真落实本次大会决议,以忠诚履职坚守司法公正,以拼搏奋斗彰显司法担当,为在新征程上更好"扛起新使命、谱写新篇章"贡献司法智慧和力量!

2023 年全省法院工作要点

2023 年是全面贯彻落实党的二十大精神的开局之年,也是为江苏现代化建设奠定基础的重要一年,全省法院要坚持以习近平新时代中国特色社会主义思想为指导,深入贯彻习近平法治思想,全面贯彻党的二十大精神,深刻领悟"两个确立"的决定性意义,增强"四个意识"、坚定"四个自信"、做到"两个维护",认真贯彻中央、省委、最高人民法院各项决策部署,坚持党对法院工作绝对领导,坚持以人民为中心,坚持中国特色社会主义法治道路，坚持改革创新，坚持发扬斗争精神，持续深化高质量司法实践，深化司法体制改革和智慧法院建设，锻造过硬法院队伍，奋力推进法院工作现代化，为全面推进中国式现代化江苏新实践，更好“扛起新使命、谱写新篇章”提供有力司法服务和保障。

一、坚定拥护“两个确立”、坚决做到“两个维护”

1. 把学习宣传贯彻党的二十大精神作为首要政治任务。加强党的二十大精神学习宣传教育。开展多形式、分层次、全覆盖的全员培训，把党的二十大精神作为各类教育培训的必修课，作为新入院人员教育培训“第一课”。组织开展“持续深化高质量司法实践、奋力推进江苏法院工作现代化”专题调研，推动党的二十大决策部署在全省法院落实落细。

2. 着力增强拥护“两个确立”的高度自觉。巩固深化“两个确立”主题教育成果，持续加强全省法院党的政治建设。坚持把讲政治与讲法律相统一，善于用政治意识处理好疑难复杂的法律问题，用法律手段解决好带有政治敏感性的问题，努力实现“三个效果”统一，切实把对党绝对忠诚体现到人民司法事业上、落实到每个案件中。严明政治纪律和政治规矩，坚决彻底肃清流毒影响，坚决做到维护核心、绝对忠诚、听党指挥、勇于担当。

3. 持续加强理论武装。扎实开展主题教育，坚持不懈用党的创新理论凝心铸魂，切实用以武装头脑、指导实践、推动工作。真学真信笃行习近平法治思想，持续推进习近平法治思想进教材、进课堂、进头脑，坚持用习近平法治思想指导树立新时代社会主义司法理念。充分发挥“75号青年学堂”等平台作用，提升青年理论学习小组建设成效，引导青年干警坚定不移做习近平法治思想的坚定信仰者和忠实实践者。

4. 坚持党对法院工作绝对领导。严格执行关于坚决维护党中央权威和集中统一领导的制度规定，坚决贯彻落实中央、省委决策部署。严格执行政法工作条例及省委实施意见，严格落实重大事项请示报告制度，健全政治督察等制度机制。严格落实意识形态工作责任制，坚决防范和抵制西方错误思潮干扰渗透；严守新闻宣传纪律，进一步规范信息发布和案件报道审批机制，强化内外网站、微信微博等自媒体平台管理，坚守法院意识形态阵地。

二、推进更高水平平安江苏建设

5. 坚决维护国家安全和社会稳定。严厉打击各种渗透、破坏、颠覆、分裂、宗教极端等犯罪，严惩军事、科技等重点领域间谍、窃密犯罪，坚定维护国家安全。严惩故意杀人、抢劫、强奸等严重暴力犯罪，守护群众生命财产安全。从严惩处电信网络诈骗、网络黄赌毒、网络传销、网络套路贷等新型犯罪，坚决遏制网络犯罪多发势头。严厉打击侵权假冒、走私、危害税收征管、商业贿赂、串通投标、强迫交易、合同诈骗等犯罪，维护市场经济秩序。严厉打击资本市场违法犯罪活动，严惩内幕交易、操纵市场、贷款诈骗、洗钱等金融犯罪，稳妥做好重大非法集资案件审理工作。积极参与危险化学品、交通运输等行业领域安全隐患排查整治，严惩涉枪支、弹药、爆炸物、易燃易爆危险物品犯罪，依法维护公共安全。深入推进禁毒斗争，贯彻落实全国法院毒品案件审判工作会议，依法严惩毒品犯罪。推进扫黑除恶常态化，贯彻反有组织犯罪法，从严打击黑恶势力及其“保护伞”，依法妥善审理全国扫黑办挂牌督办等重大涉黑恶案件和涉黑恶申诉、再审案件，加大“黑财”执行力度，坚决铲除黑恶势力经济基础。

6. 始终保持严惩腐败犯罪高压态势。加大对各种损害群众利益腐败犯罪的惩治力度，严惩乡村振兴领域腐败犯罪，严惩就业创业、教育医疗、养老社保等民生领域贪污贿赂、渎职侵权犯罪；依法严惩“影子股东”“影子公司”“搞政商旋转门”等隐形变异腐败犯罪，依法严惩“靠企吃企”“靠贷吃贷”“靠监管吃监管”等方面的腐败犯罪。认真落实受贿行贿一起查，严格行贿犯罪从宽情节的认定和刑罚适用，加大对行贿行为惩治力度，依法追缴行贿非法获利。主动参与反腐败国际追逃追赃，严厉打击涉腐洗钱犯罪，积极探索刑事缺席审判等制度在司法实践中的运用。持续完善监察与刑事司法衔接机制，推进完善商请指定管辖、大要案办理等方面工作机制，健全向党委报告职务犯罪案件审判工作制度，助力一体推进不敢腐、不能腐、不想腐。

7. 强化人权司法保障。严格遵循证明标准，落实罪刑法定、证据裁判、疑罪从无等原则，严格案件事实关、证据关、程序关、法律适用关。充分保障被告人及其辩护人依法行使诉讼权利，尊重和保障律师依法履职。坚决纠正刑事冤错案件，健全冤错案件主动发现、及时复查及依法纠正机制，加大对虚假诉讼的发现和制裁力度。严格落实减刑、假释案件实质化审理要求，进一步提升减刑、假释庭审质量。加强国家赔偿审判和司法救助工作，让人民群众充分感受到司法的公正和温暖。

8. 防范化解各类风险隐患。服务重大经济金融风险防范化解，认真落实全国法院金融审判工作会议精神，进一步健全金融司法与监管协同的风险防范机制，加强对涉大型企业债务风险、中小金融机构风险、地方政府隐形债务风险以及互联网金融、私募基金、金交所等案件新情况新问题的研究应对，依法妥善化解涉“问题楼盘”矛盾纠纷，配合做好保交楼、保民生、保稳定各项工作。进一步完善常态化风险评估机制，及时研判复杂敏感案事件中的风险隐患，及时向党委政府报告，促进风险隐患消灭在萌芽状态。严防司法领域安全风险，加强对诉讼服务大厅、审判法庭、人民法庭等重点部位和押解、执行、信访等重点环节安全保护，进一步规范庭审直播和裁判文书制作上网工作，切实保障法院网络安全和数据安全。

9. 积极参与社会治理。依托“精网微格”工程，持续深化法官进网格。加强“总对总”等类型化纠纷诉调对接，发挥人民法院调解平台·江苏微解纷集成作用，促进纠纷一站式多元化解。深入贯彻落实《信访工作条例》，持续做好涉诉信访工作，扎实开展全省法院“涉诉信访突出问题攻坚化解巩固提升年”行动、“涉诉信访问题源头治理三年攻坚”行动，按照中央政法工作会议提出的“四个到位”要求，加大涉诉信访矛盾化解力度，及时回应群众合法合理诉求。加大对影响社会稳定的重大案件研判力度，提出有针对性的司法建议，促进堵塞漏洞、源头治理。

三、依法护航高质量发展

10. 着力打造一流法治化营商环境。树牢“案案都是营商环境”理念，积极参与优化营商环境行动，认真落实优化营商环境“两张清单”，优化调整2023年全省营商环境评价“执行合同”“办理破产”评价指标。加快推进南京法治园区建设。切实落实“两个毫不动摇”，依法保护民营企业产权和企业家权益，健全完善涉企业和企业家刑事冤错案件甄别纠正机制，持续做好助企纾困解难工作，助力经济运行率先整体好转若干政策措施落地落实。依法处理生产、分配、流通、消费等领域纠纷，助力建设高标准市场体系，服务保障全国统一大市场建设。认真研究应对全面实行股票发行注册制后金融审判遇到的新情况新问题，推动健全资本市场功能、提高直接融资比重。强化“执破融合”，进一步规范“执转破”案件办理流程，深入推进与个人破产制度功能相当的改革试点，巩固提升“1+4”专项行动成果，建立健全常态化机制，依法依规加强守信激励和失信惩戒。充分发挥破产挽救功能，完善破产案件繁简分流机制，下大力气清结长期未结破产案件，优化完善财产解封、打击破产逃废债等企业破产处置协调联动子机制。认真做好省人大常委会专题审议破产审判各项准备工作，以此为契机，进一步提升破产审判工作水平。服务区域协调发展，因地制宜完善司法政策举措，依法护航长三角区域一体化发展等国家重大战略落地落实，加大各地特色产业发展服务保障力度。

11. 服务高水平科技自立自强和创新驱动发展。坚持最严格知识产权司法保护，强化全链条保护，加大对新能源、人工智能、生物制造、种质资源等新兴领域、重点领域和“专精特新”企业关键领域核心技术、原始创新成果的知识产权保护力度，助力打赢关键核心技术攻坚战。加强对数据产权、数据交易、数据开源等案件的审理和研究，服务数字经济发展。加大反垄断、反不正当竞争司法力度，依法严惩互联网不正当竞争行为，惩治商业混淆、虚假宣传等直接损害消费者权益的行为，研究制定侵犯商业秘密犯罪案件办理意见。依法妥善审理涉中医药知识产权纠纷案件，促进中医药传统知识保护与现代知识产权制度有效衔接，推动中医药传承创新发展。深化科技型企业劳动人事争议“调裁审一体化”工作，高效化解涉高科技人才劳动人事纠纷，依法保障创新人才社会性流动。

12. 护航美丽中国省域范例建设。坚持用最严格制度最严密法治保护生态环境，助力深入打好污染防治攻坚战，推动我省经济社会发展绿色转型。认真组织碳达峰碳中和相关法律问题专项调研，完善司法举措。贯彻实施湿地保护法，推动湿地司法修复基地建设，切实加强对物种多样性和生态系统的司法保护。深入落实长江保护法和长江“十年禁渔”重大决策，严惩非法捕捞、非法采砂等犯罪。严厉打击破坏大运河沿线生态环境和文化遗存犯罪，服务保障大运河生态廊道建设。全面深化环资审判信息化建设，做好中国环境资源审判信息平台推广应用、优化升级工作。持续深化“9 + 1”机制改革，加快推进裁判规则体系化建设，健全生态环境公益诉讼、生态补偿和生态环境损害赔偿等制度规则。

13. 助力法治政府建设。依法稳妥审理涉“放管服”改革、城市更新等行政案件，保障“不见面”审批、市场公平准入等改革纵深推进。坚持府院联动机制规范化、制度化运行，进一步提升我省行政机关负责人出庭应诉实效，加快推进行政行为自我纠正制度省域全覆盖，健全行政诉讼司法建议工作机制。加强行政审判专业化建设，优化行政诉讼集中管辖配套运行机制，深入推进行政诉讼程序繁简分流改革，完善简易程序适用规则，全面提升审判质效。推进行政争议诉源治理与实质化解相结合，为重大项目、重点工程有序推进提供坚强司法保障。

14. 服务高水平对外开放。依法妥善应对涉外司法领域的单边制裁、平行诉讼和长臂管辖问题，坚定捍卫国家主权、安全和发展利益。优化调整全省法院一审涉外民商事案件管辖布局，优化审判资源配置，组建高素质专业化涉外审判团队。深入实施精品战略，全面提升涉外司法质效，依法平等保护中外当事人合法权益，探索完善跨境物流电商、海外仓等外贸新业态案件的审理规则，依法保护“走出去”企业的合法权益。推动建立服务保障自贸试验区工作协调机制，强化司法协作，形成司法服务保障高水平自贸试验区建设工作合力。充分发挥苏州、无锡国际商事法庭作用，构建完善“一站式”国际商事纠纷解决机制和平台。认真落实省人大常委会关于海事审判工作的审议意见，主动融入国际海事司法中心建设，积极争取开展海事刑事案件管辖试点，持续提升海事审判公信力和国际影响力。健全涉外司法人才引进、选拔、使用、管理、交流机制，提升涉外审判队伍整体能力水平。规范做好国际司法交流合作管理工作，妥善做好重大敏感涉外案件扎口管理工作。

四、不断增强人民群众司法获得感

15. 持续强化民生司法保障。推动为民办实事常态化长效化，加强对“为群众办实事示范法院”的宣传和动态监管，扎实推进全省政法惠民实事。加强网络环境下的人格权司法保护，依法维护个人信息安全和人身财产权益。巩固深化妇女儿童权益保障问题排查整治和打击整治养老诈骗专项行动成果，深入推进家事审判改革，完善“司法 + N”的未成年人联合救助体系，依法保障“一老一小”和妇女、残疾人等群体合法权益。妥善处理医疗纠纷，强化医患矛盾多元化解，助力平安医院建设。服务保障就业优先政策落实，树牢平衡保护理念，加强灵活就业和新就业形态劳动者权益保障，妥善审理劳动合同案件。认真落实治理欠薪长效机制，推动健全完善欠薪案件多元解纷、联动化解工作格局。依法保护消费者权益，加强涉直播带货、平台点餐等新兴消费领域纠纷的司法应对，完善消费公益诉讼制度。强化涉军司法服务，维护国防利益和军人军属合法权益。

16. 不断深化“家门口”式诉讼服务。深入推进全域诉讼服务改革，优化升级服务平台，进一步打通诉讼服务省域办理堵点，实现诉讼服务“一平台审核、一平台管理”。推进优 + 诉讼服务标准全面落地，打造高质量诉讼服务江苏品牌。推进律师、行政机关电子送达地址库建设，扩大覆盖面，提高送达效率，使更多文书“云端可见、触手可及”。

17. 纵深推进“切实解决执行难”。以“执行体制机制改革深化年”为抓手，推动健全中国特色执行制度、机制和模式，努力实现到 2035 年“切实解决执行难”目标。进一步健全综合治理执行难大格局，推动建立健全查人扣车执行联动机制，完善网格员协助送达、查找当事人、协查财产线索工作机制，加大拒执罪打击力度，推进执行工作深度融入社会治理。再次迭代升级执行“854”模式一体两翼新机制，将执行事务中心升级为执行服务中心，推进执行“一站服务、一号通办”。加强电子卷宗的深度应用，全面实行全流程无纸化办案，延伸云上执行、掌上服务，深化阳光执行。全面深化执行统一管理体制改革，强化执行工作统一管理、统一指挥、统一协调。深化审执分离改革，完善执行裁判机构设置，加强执裁协调配合。积极参与民事强制执行法的立法工作。

18. 全面加强人民法庭工作。认真落实加强新时代人民法庭工作的意见，以“三个便于”“三个服务”为指导，深化“一法庭一品牌”创建。发挥“服务乡村振兴实践基地”引领带动作用，创建人民法庭服务乡村振兴“江苏模式”。持续打造“枫桥式人民法庭”，深入推进人民法庭“三进”工作，构建人民法庭多维服务网络，推动矛盾纠纷就地发现、就地调处、就地化解。

19. 弘扬社会主义核心价值观和中华优秀传统文化。高质量推进“八五”普法工作，发挥司法教育、评价、指引、规范功能，强化释法说理，以公正裁判树立行为规则、引领社会风尚。持续做好中国法学会案例法学研究会江苏研究基地相关工作，发布弘扬中华优秀传统文化典型案例。加强全媒体传播体系建设，丰富传播形式、做优传播平台，不断提升法院新闻作品的传播力、引导力、影响力。

五、深化司法体制改革和智慧法院建设

20. 深化司法体制综合配套改革。持续推进以审判为中心的诉讼制度改革，推动构建诉讼以审判为中心、审判以庭审为中心、庭审以证据为中心的刑事诉讼新格局；持续推进庭审实质化，切实发挥庭审在查明事实、认定证据、保护诉权、公正裁判中的决定性作用；准确适用认罪认罚从宽制度，正确把握适用范围、适用条件等要求。深入推进民事案件繁简分流，探索开展部分民事案件调解前置试点。深化完善审级职能定位改革，把案结事了、服判息诉贯彻到立案、审判、执行等各个环节；研究制定案件提级管辖指导意见，进一步明确提级管辖的条件和程序。完善法官培养、遴选等机制，推进法官逐级遴选工作，畅通入额通道，推进员额和编制跨域统筹使用、动态调整。深入推进人员分类管理改革，完善法官助理、司法行政人员、聘用制书记员管理制度，进一步健全内部交流机制，拓展职业发展路径。

21. 全面准确落实司法责任制。强化对司法活动的制约监督，健全司法责任体系，完善合议庭、专业法官会议、审判委员会工作机制，强化院庭长监督管理职责。严格落实类案强制检索报告制度，完善法律适用分歧解决机制。加强审判管理工作，强化流程智能监管，落实落细审限管理制度，推进发改案件“双重评查”和长期未结案件清理。认真做好裁判文书和卷宗专项评查迎查准备。完善法官惩戒制度，健全程序规则，做好违纪违法责任追究、法官惩戒、法官退额的衔接，持续推动法官惩戒工作实质化运行。

22. 全面加强智慧法院建设。落实信息化建设五年发展规划，推进“江苏数字法院提升工程”，完善智慧法院体系化建设。加强和规范电子诉讼，推进电子卷宗深度运用，逐步集成和整合各类诉讼服务系统。推动应用系统智能化、泛在化转型升级，深化人工智能在司法领域的应用，推进“区块链＋审判”、全链条要素式智能审判两项改革试点。探索构建数据治理体系，积极推进司法数据中台和智慧法院大脑建设，建立完善全省统一知识库和知识服务共享机制，提升“数助决策”能力。

六、持续锻造堪当重任的高素质法院铁军

23. 持之以恒抓好党的政治建设。坚持把政治建设摆在首位，健全落实习近平新时代中国特色社会主义思想特别是习近平法治思想轮训长效机制，严格落实“第一议题”制度，分层次、全覆盖开展政治轮训，抓实对党忠诚教育，不断筑牢政治忠诚思想根基。切实加强法院“五好五强”领导班子建设，建设忠诚践行党的创新理论和习近平法治思想的坚强集体。坚持党管干部原则，落实新时代好干部标准，大力培养选拔优秀年轻干部，严把选人用人政治关、廉洁关，大力选拔想干事、能干事、干成事的干部，以正确的用人导向引领干事创业导向。坚持以党建带队建促审判，继续开展“一支部一品牌”创建，健全完善政治教育、党史教育、英模教育、警示教育和业务学习的“4＋1＋N”学习制度。

24. 不断深化履职能力建设。认真落实全省法院“十四五”人才发展规划，面向实践加强紧缺人才培养，健全符合司法规律的素质培养体系、知事识人体系、选拔使用体系、从严管理体系和正向激励体系。进一步完善青年人才选育管用全链条机制，持续推进名校优生选调和培养工作，健全完善各类人才库，为推进全省法院工作现代化培养储备优秀人才。完善上下级法院之间法官挂职锻炼、交流任职机制，推动高中级法院法官助理到基层法院挂职入额，着力提升干警综合审判业务能力。大兴调研之风，浓厚调研氛围，完善调研机制，以更多高质量成果服务科学决策、推进高质量司法。

25. 深入推进正风肃纪反腐。持之以恒贯彻执行中央八项规定精神和省委新修订的具体办法，锲而不舍纠治“四风”，特别是形式主义、官僚主义，不断改进司法作风。持续巩固深化队伍教育整顿成果，紧盯审判执行、法院队伍、司法作风等方面的突出问题，常态化开展顽瘴痼疾排查整治，扎实开展司法巡查、审务督察、内部巡察、内部审计，坚决整治危害司法公正、损害群众利益的不正之风。始终保持零容忍的警醒、零容忍的力度，精准运用监督执纪“四种形态”。严格落实防止干预司法“三个规定”、新时代政法干警“十个严禁”等铁规禁令，落实近亲属“禁业”清单，规范离任从业行为，扎牢制度铁笼。加强廉洁文化建设，强化纪法教育，常态化开展警示教育，以案明纪、以案为鉴、以案促改。

26. 营造良好干事创业氛围。加大法官人身安全保护力度，开展法官人身安全与权益保障培训，切实增强法官的风险防范意识和应对能力。完善干警带薪休假、定期体检以及心理咨询、疏导和危机干预机制，关心关爱援疆援藏援青干警，切实帮助解决实际困难。帮助干警解决实际困难。强化先进典型示范引领，培树一批政治过硬、业绩突出、群众认同的先进典型，充分展现江苏法院干警良好精神。坚持严管和厚爱结合，完善法官权益保障委员会组织机构，健全依法履职免责、容错纠错、不实举报及时澄清等制度机制，激励干警担当作为。用心用情做好老干部工作，切实体现组织的关怀和温暖。

七、扎实做好综合服务保障工作

27. 高质量做好综合服务保障工作。加强和改进行政装备工作，全面提升司法保障工作水平。加强管理监督，进一步规范委托鉴定、保外就医组织诊断等工作。加强司法警察实战化训练，常态化开展警务督察，提升警务保障能力。

28. 提升司法政务工作水平。健全文件会议动态管控机制，进一步提升精文减会工作成效。加强涉密人员管理，常态化开展保密工作检查指导。完善政务督办工作流程，探索政务督办工作新路径新方法。积极推进智慧政务建设，提升司法政务工作智能化水平。

八、自觉主动接受监督

29. 以监督为动力加强和改进法院工作。结合法院重点工作开展代表委员联络，创新联络沟通方式方法，扎实做好全国两会各项工作。做好代表建议、委员提案、审议意见及关注案件的交办落实工作，及时向代表、委员反馈办理进展和成效。加强与同级检察机关沟通协调，完善配合检察机关法律监督工作机制，规范检察监督案件办理。

江苏省高级人民法院印发《关于进一步加强新时代人民法庭工作的意见》的通知

（苏高法〔2023〕2号　2023年1月9日）

各市中级人民法院，各基层人民法院，本院各部门：

《关于进一步加强新时代人民法庭工作的意见》已经省法院党组会议讨论通过。现印发给你们，请结合实际认真贯彻落实。

江苏省高级人民法院关于进一步加强新时代人民法庭工作的意见

为深入贯彻习近平法治思想，深入学习贯彻党的二十大精神，深刻把握党的二十大作出的新部署新要求，牢固树立强基导向，加强基层基础建设，推动新时代人民法庭工作高质量发展，根据《最高人民法院关于推动新时代人民法庭工作高质量发展的意见》《最高人民法院关于加快推进人民法院调解平台进乡村、进社区、进网格工作的指导意见》等规范性文件，结合全省人民法庭工作实际，制定本意见。

一、贯彻新时代人民法庭工作总体要求

1. 提高政治站位。深刻领会党的二十大报告“坚持大抓基层的鲜明导向”要求，提升政治站位，落实强基导向工作要求，充分发挥人民法庭处于化解矛盾纠纷、服务人民群众第一线，推进社会治理、服务乡村振兴的最前沿作用，紧扣高质量发展主题，为维护社会稳定大局、促进社会公平正义、保障人民安居乐业，加快建设更高水平的

平安江苏、法治江苏提供有力司法保障。

2. 以人民为中心。深刻领会党的二十大报告“坚持以人民为中心的发展思想”要求，紧紧抓住人民最关心最直接最现实的利益问题，深入群众、深入基层，采取更多惠民生、暖民心举措，着力解决好人民群众急难愁盼问题。将人民法庭打造成为公正司法、司法为民的前沿阵地，实现好、维护好、发展好最广大人民根本利益。

3. 做好“三个服务”。深刻领会党的二十大报告“全面推进乡村振兴”“完善社会治理体系”“增强服务群众本领”要求，推动人民法庭工作便于当事人参加诉讼，便于人民法院依法独立公正高效行使审判权，便于人民群众及时感受到公平正义。发挥人民法庭面向农村、面向基层、面向群众的优势，积极服务全面推进乡村振兴，服务基层社会治理，服务人民群众高品质生活需要。

二、着力提升审判质效

4. 坚持执法办案第一要务。把执法办案放在更加突出的位置，找准司法精准发力的结合点、切入点，根据辖区内产业特色、主要纠纷类型，做好重点法律问题研究，提升审判业务能力与防范化解重大风险的能力，以优质高效的司法审判促进公平正义、推进基层治理、优化营商环境、加强民生保障，促进经济社会高质量发展。贯彻落实《最高人民法院关于完善四级法院审级职能定位改革试点的实施办法》要求，在审判重心进一步下沉的同时，实现人民法庭重在准确查明事实、实质化解纠纷的审判职能。

5. 强化纠纷属地管理。除法律和上级法院明文规定以及专业化集中审理的案件以外，基层人民法院辖区内发生的一审普通民商事案件应由当地人民法庭审理，实现纠纷快速、便捷、就地实质性化解。

6. 完善直接立案机制。着眼解决辖区内的民商事纠纷，全省人民法庭应当全面开展诉讼材料收转、起诉立案、跨域立案等业务，构建“当场立、网上立、就近立”多元一体立案格局。当事人到人民法庭申请立案，符合条件的应当予以立案。

7. 加强简易程序和小额诉讼程序适用。人民法庭受理的符合条件的简单案件，应当依法适用简易程序或小额诉讼程序审理，充分发挥其快速、便捷的优势。积极推广适用令状式、要素式、表格式等简式裁判文书，推进庭审实质化改革，提升司法效率，及时维护人民群众合法权益。

8. 切实解决送达难。充分利用社会资源协助送达。邀请基层工作经验丰富、熟悉社情民意、善于沟通协调的调解员、网格员参与法律文书的送达。综合运用电子送达等信息化手段破解送达难题。将送达与调解工作有机结合，巧用送达先机促使当事人履行义务，最大限度促进矛盾纠纷及时化解。

9. 注重执源治理。积极探索执源治理新模式，强化内部联动，以立审执衔接配合为着力点，对人民法庭审结的生效案件，加大力度促使自动履行，着力提升民事案件的当场履行率、自动履行率，最大限度减少衍生执行案件。

10. 发挥人民陪审员的民主参与作用。保障人民陪审员依法参加人民法庭的审判活动，弘扬司法民主、促进司法公正、提升司法公信。充分发挥人民陪审员熟悉风土人情、民间习俗，社会阅历丰富和贴近群众的优势，妥善化解矛盾纠纷。

11. 优化审判管理。探索创新人民法庭审判管理方式，以高效管理促进审判质效提升。落实人民法庭庭长审判监督管理职责，加强案件流程管理和节点管控，实现审判权、监督权、管理权的有机统一。将智慧法庭建设成果融入审判管理各项工作，使智能服务与诉讼服务、审判工作深度融合，推动审判管理智能化，助力人民法庭审判提质增效。

三、积极服务全面推进乡村振兴

12. 增强服务乡村振兴的使命感。深刻认识乡村振兴战略实施的重大意义，增强为实施乡村振兴战略提供司法服务和保障的自觉性、主动性。紧扣新发展理念、新发展阶段、新发展格局，准确把握产业兴旺、生态宜居、乡风文明、治理有效、生活富裕总要求，找准司法服务乡村振兴战略的结合点、着力点，回应人民群众期待，精准提供司法供给，为建设“强富美高”新江苏提供坚强司法保障。

13. 服务乡村产业振兴。聚焦辖区内产业特色，充分利用人民法庭的区位优势和专业知识，妥善处理辖区内各类产业纠纷。创新司法举措，提供“点对点”司法服务，帮助企业梳理法律风险、提出法律意见、完善规章制度、预防矛盾纠纷，提升企业的法治意识与依法治企水平，为企业实现守法经营、诚信兴商打下良好的法律知识基础，为地方经济迈向高质量发展保驾护航。

14. 服务乡村人才振兴。充分发挥人民法庭自身优势，建立法官、村官等双向联动机制，利用审务工作站、法官联系点开展法官送法进乡村，村官到法庭观摩开庭、跟班学习等活动，为基层培养一批善于运用法律知识解决矛盾纠纷的基层治理人才队伍。

15. 服务乡村文化振兴。通过典型案例审理，大力弘扬中华优秀传统文化，促进形成男女平等、尊老爱幼、家庭和睦、邻里和谐的社会风尚。深入推进社会主义核心价值观融入裁判文书释法说理，通过司法裁判为社会确立是非标准、明确行为底线，促进文明和谐平安乡村建设。立足职能引导村规民约制定，培育文明乡风、良好家风、淳朴民风。

16. 服务乡村生态振兴。坚持生态优先，践行“两山”理念，让基层司法成为环境治理体系的重要组成部分，在生态文明建设中发挥重要作用。把民法典绿色原则贯彻到执法办案中，妥善审理涉及美丽乡村、土地流转、承包经营等各类纠纷，不断改善人居环境，促进乡村生态旅游发展，推动社会发展绿色转型。

17. 服务乡村组织振兴。充分认识人民法庭对巩固基层政权、建设法治政府的重要作用，从维护国家安全和长治久安的高度做好服务乡村组织振兴工作。建立与基层组织的信息反馈机制，针对办案中发现的涉及公共政策、行政执法、社会安全稳定的普遍性或者突出问题，及时提出专项报告或司法建议，提升基层组织的判断力、决策力和执行力。

四、积极服务基层社会治理

18. 积极融入基层社会治理体系。坚持和发展新时代“枫桥经验”，充分发挥党委领导、政府主导作用，紧紧依靠人民群众，发挥社会组织等主体作用，多元协同治理，打造共建共治共享社会治理格局。找准与党委政府工作的连接点，与派出所、司法所等分工协作，促进矛盾纠纷在村镇和社区范围内解决，做到小事不出村，大事不出镇，矛盾不上交。

19. 强化人民法庭“三进”工作。全面推进“人民法院调解平台 · 江苏微解纷”进乡村、进社区、进网格。通过邀请人员入驻等方式，将综治中心、矛调中心、司法所、派出所、工会、妇联、劳动、民政、市场监管、土地管理、乡镇（街道）、村（社区）等基层治理单位集约到调解平台，做到基层解纷力量全覆盖，并通过平台实现纠纷预警、分流、调解、司法确认、进展跟踪、结果反馈、指导督办等全流程在线办理，推动矛盾纠纷就地发现、就地调处、就地化解。

20. 多元化解矛盾纠纷。坚持把非诉讼纠纷解决机制挺在前面，强化矛盾纠纷多元化解机制建设，凝聚矛盾纠纷多元化解工作合力，推动多元解纷机制落地生根。重视调解在解决纠纷方面的作用，在诉前、诉中、诉后全程开展调解与矛盾化解工作，维护社会稳定。吸纳村镇干部、“乡贤”等各种社会力量参与人民法庭纠纷化解。

21. 推进无讼村居创建。围绕“无讼村”目标，通过设立法官工作室、开展“普法进村”活动、建立矛盾纠纷化解平台等方式，为村民提供法治宣传、法律咨询、巡回审判等多元化、便捷化的司法服务，逐步形成止讼、化讼、少讼乃至无讼的良好氛围。弘扬传统文化，探索基层治理新模式，鼓励和保障人民群众依据村规民约开展自治。加强对行业不诚信行为的约束和规范，为无讼村居创建提供良好的法治环境。

22. 加强法治宣传。发挥人民法庭的专业优势，用贴近群众的方式传播法治理念。运用公众开放日、观摩庭审以及送法进乡村、进社区、进学校、进企业等多种形式开展法律宣讲，提高群众尊法、学法、守法意识。用群众身边的案例培养信规则、讲规则、按规则办事的社会习惯。

五、积极服务人民群众高品质生活需要

23. 强化民生司法保护。精准对接民生领域司法需求，重视人民群众最关心、最直接、最现实的利益问题，依法妥善审理教育、医疗、婚姻家庭、消费者权益保障等民生领域案件，切实维护人民群众合法权益。加大对妇女儿童、老年人、残疾人、农民工等弱势群体权益的司法保护力度，提升人民群众的司法获得感。

24. 优化诉讼服务。加强人民法庭诉讼服务设施建设，方便群众就近起诉、现场缴费、现场印制法律文书等。充分发挥人民法庭分布点多、线长、面广的特点，完善“家门口”“一窗通办”等便民服务模式。安排专人对当事人进行诉讼引导、释法答疑，提供“一站式、全方位、标准化”指导帮助，切实为人民群众提供优质便捷的诉讼服务。

25. 构建多维度司法服务网络。充分发挥人民法庭贴近群众的优势，在地处偏远、交通不便地区设置巡回审判点、乡村法官驿站、法官联络点等，延伸服务范围。着力构建由基层人民法院、人民法庭和巡回审判服务站点组成的点面结合、城乡覆盖的司法服务网络，让人民群众感受到身边的法律保障。

六、深化人民法庭品牌创建

26. 持续打造人民法庭特色品牌。结合当地经济发展、产业特色和传统优势，挖掘自身特色，突出个性亮点，持续打造人民法庭工作品牌。将品牌创建与法庭工作同部署、同落实、同考核，以品牌创建带动人民法庭高质量发展，推动创建活动取得良好效果。

27. 将品牌创建与服务乡村振兴有机衔接。着眼国家重大战略需要，持续推进服务乡村振兴各项工作。将省法院“服务乡村振兴实践基地”的创新实践与品牌建设融合发展，深度参与社会综合治理，以法治护航乡村振兴战略实施，打造更多具有地域特色、体现服务特征、满足人民需求的服务乡村振兴示范品牌。

28. 全面提升品牌影响力。持续增强品牌意识，通过品牌创建营造争先创优的良好氛围，促进人民法庭提升整体形象。积极宣传内涵丰富、示范带动好、群众参与度高、服务效果明显的人民法庭品牌，树立区域标杆，做好辐射带动，以良好的品牌影响力赢得社会和群众的认可。

七、优化人民法庭布局

29. 优化人民法庭布局设置。根据案件数量、区域面积、人口总量、交通条件、经济社会发展状况等因素，区分城区法庭、城乡结合法庭、乡村法庭，从有利于审判资源的合理配置，便于当事人诉讼、便于审判工作开展、便于服务辖区群众，更好服务乡村振兴和辖区基层治理的需求出发，精准掌握人民法庭设置、撤并需求，按需优化人民法庭区域布局。

30. 规范人民法庭撤并和更名工作。人民法庭撤并、迁址，应当着眼长远，因地制宜，循序渐进。基层人民法院要根据城市规划调整以及城乡发展进程，慎重稳妥提出人民法庭调整方案，逐级上报省法院批准。省法院批准后，按照管理权限报请编制管理部门审批。法庭迁址应当及时报省法院备案。对合署办公、在院本部办公以及非实质化运行的人民法庭，应及时进行撤并和调整。法庭更名后的名称，应当以其所在地地名而定。注重保留具有历史传统的法庭名称。

31.优化专业法庭建设。在保证人民法庭基本功能的前提下，有序推进人民法庭专业化建设。在农村地区继续加强和完善综合性人民法庭建设；在城市近郊或者城区，根据辖区经济发展、产业特色、案件类型特点等，可以有序开展人民法庭专业化审判。设立专业化法庭的，由设区市市委编办和市中级法院联合行文上报省委编办审批。

八、深化人民法庭队伍建设

32.加强人民法庭党的建设。坚持以党的政治建设为统领，全面加强人民法庭思想建设、组织建设、作风建设、纪律建设和制度建设，落实“支部建在庭上”要求，实现党的组织和党的工作全覆盖。将党的建设贯穿人民法庭服务大局、司法为民、公正司法全过程，以党建带队建促审判，推进人民法庭党支部标准化、规范化建设。

33.加强日常监督管理。严格落实防止干预司法“三个规定”、新时代政法干警“十个严禁”和江苏省法院系统八条禁令等铁规禁令，持之以恒正风肃纪抓好人民法庭作风建设。加强人民法庭审务规范化管理，严格案件接收、合议庭评议、庭前准备、开庭审理，文书制作、校对、签发，审限管理、结案、卷宗归档等案件办理流程，依法、及时、公正审理案件，提高审判质量和效率。加强人民法庭庭务规范化管理，重点做好人员管理、文件管理、印章管理及学习制度、考勤制度、保密制度的落实。坚持用制度管权、按制度办事、靠制度管人，将纪律和规矩挺在前面，推动日常监督关口前移，自觉维护法庭干警的良好形象。

34.充分发挥人民法庭人才培养摇篮的功能。新招录的干警应当安排到人民法庭跟班锻炼。将想干事、能干事的优秀人才选任到人民法庭庭长位置上进行培养锻炼。干警遴选入额、选拔任用、晋职晋级，具有三年以上人民法庭工作经历的人员，在同等条件下优先考虑。选配基层法院院领导时，具有人民法庭庭长任职经历的人员在同等条件下优先考虑。

35.强化人力资源配备。坚持重心下移、审判力量下沉，增强法庭人才储备。加强法庭干警队伍建设，通过关心关爱激励法庭干警担当作为。每个人民法庭原则上应当配备2名以上员额法官和相应的审判辅助人员，对案件数量多、基层治理任务重的人民法庭，应当配置更多审判人力资源。法庭干警应当定期或者不定期与院本部人员进行轮岗交流。

36.强化干警履职保障。将维护审判秩序和法庭安全、维护法庭干警人格尊严和人身安全的措施落实到位，增强法庭干警依法履职的安全感。建立案件风险的综合分析评估机制，完善联防联动的安保协作机制，形成保障安全的合力。健全和落实不实举报澄清机制、依法履职免责机制以及容错纠错机制，为法庭干警鼓足干事“底气”。

37. 健全干警培训制度。坚持以需求为导向，定期开展人民法庭工作培训。积极探索“线上 + 线下”培训新模式，常态化开展提升综合素质和业务能力的各项培训，打造一支革命化、正规化、专业化、职业化的法庭干警队伍。省法院每年组织全省人民法庭培训班，并确保每 3 年将全省人民法庭审判人员轮训一次。各中级人民法院也要根据人民法庭需求，每年开展人民法庭专项培训。

38. 加强法庭文化建设。大力弘扬以忠诚为民、崇法尚德、公正廉洁、刚正不阿、改革创新为主要内容的新时代人民法院文化。坚持文化兴庭理念，着力打造独具特色的法庭文化，营造和谐优美的工作环境，为人民法庭队伍建设、执法办案提供精神动力。坚持对内熏陶和对外辐射相结合，让人民群众感受到法庭文化的氛围成果，更好服务全面推进乡村振兴。

九、提升新时代人民法庭建设保障水平

39. 积极争取地方党委政府支持。各中、基层法院要定期或者不定期就人民法庭工作向当地党委作专题汇报，把加强人民法庭工作作为强基导向、乡村振兴、基层治理体系和治理能力现代化等重点工作纳入党委政府总体工作格局，寻求辖区党委政府在人力资源、职级待遇、经费保障等方面的支持，切实解决人民法庭履职保障存在的实际困难。

40. 加强经费和物质保障。推进规范化购买社会服务，将社会化服务购买经费列入年度预算统筹保障，缓解人民法庭人力资源紧张的问题。积极争取党委政府支持，加大经费投入，推进人民法庭基础建设，提高非在编书记员、安保人员的待遇保障，营造拴心留人的良好环境，让人才愿意来、留得住。

41. 稳步推进智慧法庭建设。以人民为中心，大力推进智慧法庭建设，促进科技力量与法庭工作深度融合，全面提升司法服务效能，让法官办公办案更高效，当事人获得更安全、更便捷的诉讼体验。完善一站式多元解纷和诉讼服务体系，形成功能互补、协同高效的智慧服务格局，让“数据多跑路、群众少跑腿”。要更多地考虑到不同受众群体的接受程度，让线上操作方法更加便捷化、人性化。

42. 加强安保工作。高度重视人民法庭安全防范基础建设，落实人民法庭安全工作“一把手”负责制。优先改善人民法庭安全防范硬件条件，完善必要的安全防范设施装备配备，每个法庭均须配备专业安检设备。安保力量配备应当向人民法庭倾斜，每个人民法庭均需配置司法警察或安保人员。其中，至少 1 名为女性司法警察或安保人员。

十、加强新时代人民法庭工作的组织领导

43. 建立院党组研究人民法庭工作制

度。全省各级法院党组每年至少进行一次人民法庭工作专题研究，从思想政治建设、人才队伍建设、基础设施建设等各方面加强对人民法庭的支持，着力解决影响人民法庭工作发展的突出问题，推动人民法庭工作高质量发展。

44. 健全人民法庭工作指导机构。各市中级人民法院应成立人民法庭工作指导委员会，下设办公室，实行归口管理，积极做好辖区人民法庭各项工作的指导和协调。各基层人民法院根据辖区法庭数量、工作任务等实际情况，明确指导人民法庭工作机构和分管院领导。法庭指导工作应当计算工作量，纳入绩效考核范围。

45. 建立院领导联系点制度。高、中级法院每名院领导负责联系 1－2 个人民法庭，基层法院根据实际情况和院领导分工，每半年至少到挂钩联系人民法庭进行一次驻点调研，开展指导审判业务、服务乡村振兴、督促基层治理、走访基层组织、服务人民群众等工作。各级法院院领导要常态化深入人民法庭调查研究，进行点对点工作指导，帮助基层和干警解决实际问题。

46. 做好人民法庭考核和表彰工作。人民法庭应当实行科学、单独的考评体系。各中级人民法院要加强指导，综合考虑人民法庭执法办案、诉源治理等工作制定符合辖区人民法庭工作规律的专门考核办法。基层人民法院既要考核法庭的审判质效，也要考核诉源治理、化解矛盾纠纷的指标，并将“三个服务”、普法宣传等工作纳入考核范围，增加考核分值。省法院每两年将表现突出的人民法庭和人民法庭庭长纳入“全省优秀法院（人民法庭）、全省优秀法官和全省法院办案标兵”评选表彰项目予以表彰，并结合全省人民法庭工作会议开展人民法庭工作先进集体、先进个人和指导人民法庭工作先进集体等专项通报表扬。各中、基层法院也要根据工作实际适时开展人民法庭岗位竞赛、评比表扬工作，激励人民法庭干警争先创优、岗位建功。涉及人民法庭的表彰、表扬应当听取人民法庭指导机构的意见。

47. 加强人民法庭宣传工作。及时梳理总结人民法庭工作中的重要举措、重大进展、典型经验和实际成效，开展多层次宣传报道，推出有特色、成效好的经验做法，形成良好的舆论氛围。多角度、多渠道发现和培养人民法庭先进典型，挖掘和树立一批扎根基层、服务群众、踏实肯干的典型人物，发挥好先进典型的示范引领和带动作用。

江苏省高级人民法院关于强化知识产权司法保护推进长三角国际一流营商环境建设的意见

（苏高法电〔2023〕30号　2023年1月16日）

各市中级人民法院、各具有知识产权案件管辖权的基层人民法院：

《关于强化知识产权司法保护推进长三角国际一流营商环境建设的意见》已经省法院党组会议讨论通过。现印发给你们，请各地法院结合工作实际，抓好贯彻落实。

关于强化知识产权司法保护推进长三角国际一流营商环境建设的意见

为深入贯彻落实党的二十大关于推进长三角一体化发展和高质量发展的战略部署，推动长三角区域建设高效规范、公平竞争、充分开放的高标准市场体系，率先建成市场化、法治化、国际化一流营商环境，进一步激发市场主体创新创业活力，制定本意见。

一、总体要求

——重要意义

长三角地区是我国经济发展最活跃、开放程度最高、创新能力最强的区域之一，在国家现代化建设大局和全方位开放格局中具有举足轻重的战略地位。为深入贯彻落实《优化营商环境条例》《长江三角洲区域一体化发展规划纲要》，国家发展和改革委员会制定了《长三角国际一流营商环境建设三年行动方案》，提出了到2025年长三角区域率先建成市场化、法治化、国际化的一流营商环境，营商环境国际竞争力跃居世界前列的目标。

知识产权是国家发展的战略性资源和国际竞争力的核心内容。全面加强知识产权司法保护，扎实推进长三角区域司法保护协作，对于大力激发全社会创新活力，维护公平竞争，提升长三角区域科技创新能力和城市发展能级，增强区域竞争力与内生发展动力，推动区域更高质量一体化发展具有重要意义。

——基本原则

1. 坚持法治原则。营商环境是企业生存发展的土壤，法治是最好的营商环境。全面加强知识产权司法保护，推动法治成为营商环境建设的最好品牌和核心竞争力，有利于发挥法治在优化营商环境中固根本、稳预期、利长远的保障作用，有利于营造市场统一开放、规则标准衔接、要素自由流动的发展环境，推动长三角区域一体化发展，推进全方位高水平开放。

2. 坚持平等保护原则。将依法平等保护各类市场主体合法权益贯穿于知识产权保护全过程，完善与长三角国际一流营商环境建设相适应的知识产权制度体系，确保各类市场主体规则公平、机会公平、权利公平，积极打造稳定、公平、透明、可预期的法治化营商环境。

3. 坚持最严格保护原则。持续深化最严格知识产权司法保护，综合运用惩罚性赔偿、加大赔偿力度、减轻举证负担、行为保全、刑事制裁、从业禁止令等手段，充分发挥法律威慑作用，加大知识产权尤其是关键核心技术、新兴领域的知识产权司法保护力度，激发知识、技术等市场要素的活力，以高质量的司法供给保障长三角区域更高质量一体化发展。

4. 坚持系统保护原则。牢固树立“一盘棋”思想和一体化发展思路，聚焦服务保障全国统一大市场建设，推动长三角区域知识产权全链条保护，完善长三角区域知识产权司法协作以及司法与行政一体化保护工作机制，构建大保护工作格局，把制度优势转化为保护效能，推动长三角区域加快建成我国发展强劲活跃增长极，营商环境向更高水平迈进。

二、积极维护市场公平竞争秩序

5. 加强反垄断和反不正当竞争司法。妥善审理竞争类案件，依法制裁损害竞争、滥用市场支配地位等行为，防止行政权力排除和限制竞争行为，正确划定合法竞争与违法垄断边界；严厉打击商业混淆、虚假宣传、商业诋毁、商业贿赂等破坏公平竞争、扰乱市场秩序行为，维护和促进市场公平竞争；加强对影响力程度高的商业标识的司法保护，解决不同标识之间权利冲突。进一步推进反垄断反不正当竞争执法司法工作衔接，强化公平竞争意识，引导全社会形成崇尚、保护和促进公平竞争的法治意识。

6. 推动数字经济创新发展。探索大数

据、云计算、人工智能、区块链等新领域新业态的知识产权保护新模式，依法审理涉及数据交易、数据市场的著作权、不正当竞争等各类案件，加强对平台企业不正当竞争和垄断的司法规制，依法严惩强制“二选一”、低价倾销、强制搭售、屏蔽封锁、刷单炒信等互联网不正当竞争行为。根据数据产权非排他性和可再生性特征积极探索相关纠纷解决机制，推动关键数字技术创新应用，促进各类互联网新型商业模式规范健康运行，为培养数据驱动、共创共享的数据要素市场，营造开放、健康、安全的数字生态提供司法保障。

7. 推进创新成果流转应用。依法妥善审理知识产权转让、许可、合作开发等合同纠纷，准确认定合同效力与合同责任，依法规范智力成果从创造到转化、应用各环节的法律关系、利益分配和责任承担，促进创新技术和知识产权自由有序流动，保障和推动智力成果转化为先进生产力，高效益实现创新成果价值，不断激发市场主体活力。

三、大力保护创新创业主体合法权益

8. 妥善审理创新创业人才流动知识产权案件。妥善处理涉及创新创业人才流动的成果权属、职务发明奖励报酬、竞业限制、侵犯商业秘密等纠纷，依法保障研发人员权益与企业投资研发收益，推动人才依法有序流动，为高端科技人才创新创业营造良好的法治环境。

9. 依法保护投资者商业秘密。积极适用法律法规关于减轻权利人举证负担的相关法律制度，在有初步证据证明被控侵权人采取不正当手段获取、披露、使用或允许他人使用等侵犯投资者商业秘密情况下，适时转移举证责任，降低权利人证明难度，由被诉侵权人证明投资者主张的商业秘密不存在、不成立或者未侵犯投资者的商业秘密。加强商业秘密刑事保护，制订出台《关于侵犯商业秘密刑事案件适用法律若干问题的意见》等，着力解决商业秘密刑事立案难等问题。通过不公开审理、分阶段披露涉密证据、第三方专家筛选或审查、限制复制或摘抄、签发保密令等方式，防范诉讼中投资者商业秘密被不当“二次泄密”。

10. 精细化确定侵权损害赔偿数额。进一步强化精细化裁判思维，加强对创新程度高的科技成果的保护力度，避免简单适用法定赔偿，必要时通过委托评估、审计等方式，并结合比例原则、证据披露、举证妨碍等制度适用，科学、精准确定权利人损失、侵权获利额，使损害赔偿额与成果的创新程度及其知识产权价值、行为人主观过错状况、侵权情节等相适应，在依法合理确定赔偿数额的同时，为知识产权质押融资、风险投资等提供价值参考。

11. 依法适用惩罚性赔偿制度。深入

贯彻落实民法典关于惩罚性赔偿制度的规定，准确理解惩罚性赔偿的适用条件，细化说理，依法积极适用，显著提高违法成本，及时有效阻遏严重侵权行为，促进形成不敢侵权、不愿侵权的法治氛围。

四、不断创新知识产权司法保护协同机制

12. 完善技术调查官运用机制。积极推动知识产权法庭适用和完善技术调查官制度，并实现全省共享，充分发挥技术调查官在确定技术事实争点、调查范围、顺序、方法以及最终查明技术事实等方面的作用，有效解决技术事实查明难、周期长、权利人举证难和负担重等问题。探索推进长三角区域技术调查官资源等技术专家共享、统筹调派、相互支持，推动长三角区域技术事实查明机制创新。

13. 推进纠纷快速审理机制。积极推进知识产权案件繁简分流，推行示范判决，探索中间判决，基层法院依法适用普通程序独任审理和中级法院二审独任制审理程序，对于事实清楚、法律适用简单、易于作出侵权判断的案件，通过适用简易程序或速裁等方式快审快结，探索小额诉讼程序适用，简化常见案件裁判文书格式，进一步推动知识产权案件集约化审理。

14. 完善全链条协同保护机制。进一步推进知识产权律师、专利代理师驻律师工作站参与知识产权纠纷调解工作机制，以及知识产权纠纷在线诉调对接机制的落实，有效推动知识产权纠纷综合治理、源头治理。充分发挥行政机关履职过程中调解知识产权民事纠纷的职能，进一步落实知识产权民事纠纷行政调解协议司法确认工作，满足市场多元高效便捷的纠纷解决需求。深化知识产权执法司法协作，加强沟通协调，推动程序衔接，畅通线索移送，促进执法司法标准统一，不断增强保护合力。积极向管理部门、行业协会等发送司法建议，推动行业协会等建立健全行业自律规范，更好地发挥其部门管理、行业自律职能。

15. 健全长三角知识产权一体化保护机制。秉持互利共赢、协同共进理念，加强长三角区域知识产权信息共享、资源共用、优势互补、标准统一，推动协作内容制度化、交流会商常态化、联席会议长效化，积极推动长三角区域、南京都市圈、苏锡常通等现有区域执法司法协作机制落地落实，进一步增强知识产权执法司法协同保护的示范性和引领性。推进省有关部门共同建立故意侵权、恶意诉讼、虚假诉讼、以侵权为业等失信人名录录入、发布、联合惩戒等工作机制，设立跨区域曝光平台，推动长三角区域建立知识产权信用信息跨区域、跨部门交换共享、失信标准互认、惩戒措施互通等联合惩戒制度，有力提升知识产权信用体系一体化建设，加大对严重失信人联合惩戒和协同监管力度。

五、持续锻造过硬知识产权审判队伍

16. 加强司法能力建设。切实提升政治站位，自觉把知识产权审判工作置于践行总体国家安全观、实施一体化发展战略、构建新发展格局、服务高质量发展、实现更高层次对外开放的大局中谋划思考。准确把握知识产权审判专业性、前沿性和国际性特点，有针对性地开展政治历练、专业训练、实践锻炼。有效利用长三角区域知识产权专业人才、业务专家等资源优势，开展同堂培训、联合调研、业务研讨等活动，共同提升知识产权保护专业素能，为营造国际一流营商环境锻造一支政治坚定、顾全大局、精通法律、熟悉技术、具有国际视野的知识产权审判队伍。

17. 加强审判机构建设。充分发挥南京、苏州、无锡、徐州四个知识产权法庭集中管辖制度优势，着力打造“知识产权法庭 + 巡回法庭”审判模式，加快自贸区法庭建设，推动知识产权保护国际交流，实现审理专门化、管辖集中化、程序集约化和人员专业化，为打造国际一流营商环境提供更加专业、高效便捷的组织保障。

江苏省高级人民法院
防范和整治劳动争议虚假诉讼的工作指引

（江苏省高级人民法院审判委员会会议纪要〔2023〕1号
2023年1月13日印发）

为全面防范劳动争议案件中的虚假诉讼，营造诚实守信的社会环境和公平正义的法治环境，根据《中华人民共和国劳动法》《中华人民共和国劳动合同法》《中华人民共和国民事诉讼法》等规定，结合工作实际，制定本指引。

一、构成要素和主要表现形式

1. 人民法院认定存在劳动争议虚假诉讼时综合考虑下列因素：

（1）行为人单独或者与他人恶意串通；

（2）采取伪造证据、虚假陈述等手段；

（3）捏造事实，虚构劳动关系或者劳动债权；

（4）向人民法院提起劳动争议诉讼；

（5）妨害司法秩序或者侵害他人合法权益。

2. 人民法院在审理下列案件时，应当

重点甄别可能存在的虚假诉讼：

（1）追索劳动报酬纠纷；

（2）职工破产债权确认纠纷；

（3）确认劳动关系纠纷；

（4）经济补偿金纠纷；

（5）其他可能存在虚假诉讼的劳动争议案件。

3. 劳动争议案件有下列情形之一的，人民法院应当重点甄别可能存在虚假诉讼：

（1）原告起诉依据的事实、理由不符合常理，存在伪造证据、虚假陈述可能；

（2）劳动者主张的劳动报酬与其工作岗位、工作性质明显不相符合；

（3）在可能影响案外人利益的案件中，当事人之间存在近亲属关系或者关联企业等共同利益关系；

（4）当事人之间不存在实质性民事权益争议和实质性诉辩对抗；

（5）用人单位对于劳动者提出的对其不利的事实明确表示承认，且不符合常理；

（6）认定案件事实的证据不足，但双方当事人主动迅速达成调解协议，请求人民法院制作调解书；

（7）同一企业在较短时间内与多名劳动者发生欠薪纠纷；

（8）其他异常情形。

4. 劳动争议虚假诉讼的主要情形：

（1）企业为参与拆迁补偿款分配或者逃避执行，伪造职工名单，虚构欠薪纠纷；

（2）企业伪造代理手续或者冒充他人名义提起欠薪纠纷；

（3）企业停产歇业或者破产清算，当事人恶意串通，夸大或者虚构职工债权；

（4）企业以工资欠条形式对借款、定作款、货款等债权出具凭证，债权人依据工资欠条提起劳动争议诉讼；

（5）企业实际控制人、股东、高级管理人员，项目管理人员或者承包人等利用职权，伪造证据，虚构劳动关系或者欠薪事实；

（6）当事人恶意串通，虚构工作年限，破坏社会保险征缴管理秩序；

（7）其他当事人或者其他诉讼参与人单方或者与他人恶意串通实施的虚假诉讼行为。

二、防范措施

5. 对于涉嫌虚假诉讼的，人民法院通过法院综合信息管理系统进行关联案件检索，重点关注以下内容：是否为群体性纠纷，用人单位有无被执行案件、有无破产因素等。

6. 人民法院在审理劳动争议案件过程中，通过审查劳动合同签订、履行及解除的全过程，如劳动者入职过程、劳动合同签订过程、工资发放情况、提供劳动情况、企业实际经营情况、争议发生情况等事实，综合判断是否属于虚假诉讼。

7. 对于涉嫌虚假诉讼的，人民法院可以依照《中华人民共和国民事诉讼法》等规定采取通知当事人本人到庭、责令当事人提供证据、通知证人出庭作证、通知与案件处理结果可能存在法律上利害关系的人作为第三人参加诉讼、调查收集证据等措施。

8. 人民法院发现当事人可能存在虚假诉讼嫌疑的，可以依法进行释明，告知实施虚假诉讼行为的法律后果，并要求当事人及其他诉讼参与人签署保证书。

三、整治措施及案件处理

9. 对于当事人、其他诉讼参与人实施虚假诉讼的，人民法院根据情节轻重，依照《中华人民共和国民事诉讼法》的规定采取罚款、拘留等妨害民事诉讼的强制措施。

10. 当事人、其他诉讼参与人实施虚假诉讼涉嫌犯罪的，人民法院根据《最高人民法院、最高人民检察院、公安部、司法部关于进一步加强虚假诉讼犯罪惩治工作的意见》及时将涉嫌犯罪的材料移送有管辖权的机关处理。

四、工作机制

11. 对于涉嫌虚假诉讼的，承办法官在提交合议庭评议时应当就涉嫌虚假诉讼的具体情况进行详细说明，合议庭就本案是否为劳动争议虚假诉讼案件进行充分评议。对于认为存在虚假诉讼的案件，合议庭评议后，可以提请专业法官会议研究，必要时提请审判委员会讨论。

12. 人民法院可以通过联席会议等制度加强与劳动争议仲裁机构的协同配合，畅通劳动争议虚假诉讼信息交流渠道，形成工作合力，进一步从源头上预防劳动争议虚假诉讼。

江苏省高级人民法院印发《关于海事审判技术专家参与诉讼的管理办法（试行）》的通知

（苏高法〔2023〕28 号　2023 年 2 月 10 日）

南京海事法院，本院各部门：

为规范全省法院海事审判技术专家选任、使用和管理工作，及时有效解决海事审判中遇到的技术问题，现将《关于海事审判技术专家参与诉讼的管理办法（试行）》印发给你们，请认真学习领会，根据案件审理需要，邀请海事审判技术专家予以协助，不断提升海事审判工作专业化水平。

江苏省高级人民法院关于海事审判技术专家参与诉讼的管理办法(试行)

为保障及时有效解决海事审判中遇到的技术问题,不断提升海事审判工作专业化水平,促进全省海事审判提质增效,规范全省法院海事审判技术专家选任、使用和管理工作,制定本办法。

第一条 本办法所称海事审判技术专家,是指经江苏省高级人民法院聘任,就海事案件中的技术问题提供意见的相关领域专业人员。

第二条 符合下列条件的专业人员可以入选江苏法院海事审判技术专家库:

(一)政治立场坚定,道德品行良好、公道正派,能够认真履行职责;

(二)在海事相关专业技术领域,如船舶设计、船舶建造、船舶检验、船舶修理、航海技术与管理、货运代理、海事调查、海损理算、价值评估、环境监测与评价等领域具有副高以上职称,或者虽不具有副高以上职称但在上述领域具有专业特长、有一定知名度并经当地行政主管部门、行业协会或高等院校推荐的;

(三)具有准确、清晰的表达能力。

第三条 有下列情形之一的,不得担任海事审判技术专家:

(一)因违法犯罪行为受过刑事处罚的;

(二)被开除公职的;

(三)执业律师或从事诉讼代理业务的;

(四)其他不宜担任海事审判技术专家情形的。

第四条 海事审判技术专家任期为五年,任期届满后由江苏省高级人民法院统一重新审核确定,可以连续聘任。

海事审判技术专家库实行动态管理,由江苏省高级人民法院民四庭负责,根据审判工作实际需要,及时更新和补充。

第五条 海事审判技术专家的工作方式和职责:

(一)接受人民法院对海事案件审理中的技术问题的咨询,并进行解答;

(二)接受人民法院的委托,对海事案件审理中的技术问题出具专家意见书;

(三)经人民法院准许,接受当事人的委托参与诉讼,以专家辅助人的身份出庭。

第六条 海事审判技术专家享有以下

权利：

（一）查阅案件相关卷宗材料；

（二）旁听案件审理；

（三）对案件所涉技术问题独立、充分发表意见。

第七条 海事审判技术专家承担以下义务：

（一）对案件所涉技术问题进行认真分析和论证，并根据自己的认知能力、学术水平作出明确客观的答复；

（二）仅就案件所涉技术问题发表意见，对技术问题所引发的法律问题不作评价；

（三）对当事人及人民法院要求保密的涉案资料承担保密义务。

第八条 海事审判技术专家有下列情形之一的，应当主动回避，当事人也有权以口头或者书面形式申请回避：

（一）是本案当事人或者当事人、诉讼代理人近亲属的；

（二）与本案有利害关系的；

（三）与本案当事人、诉讼代理人有其他关系，可能影响案件公正审理的；

（四）有违反职业道德准则等可能影响案件公正审理的其他行为的。

海事审判技术专家是否回避由人民法院决定。

第九条 案件审理中涉及技术事实认定问题，需要委托海事审判技术专家的，人民法院原则上在江苏法院海事审判技术专家库名册内选择确定委托对象。

第十条 海事审判技术专家参与诉讼，主要有口头咨询和书面委托两种方式：

（一）采取口头咨询的，审判人员应对相关咨询情况制作工作笔录，并签字，装入副卷保存；

（二）采取书面委托的，人民法院应先将书面征询函和有关材料送交海事审判技术专家，征询函应当载明需要咨询的技术问题。海事审判技术专家在收到书面征询函后应当在 15 日内决定是否接受委托。海事审判技术专家接受委托后，一般应在 15 日内就咨询问题向人民法院出具书面答复意见，并签字确认。问题疑难复杂的，原则上不超过 60 日。

第十一条 海事审判技术专家同意就出具的书面意见出庭接受当事人询问的，人民法院可以将专家意见作为证据，并组织当事人质证。询问的内容应与案件所涉技术问题有关，海事审判技术专家有权拒绝回答与技术问题无关的问题。

海事审判技术专家不同意就书面意见出庭接受当事人询问的，专家意见仅作为审判人员了解相关技术问题的辅助性依据，可以不向当事人出示，但应当装入副卷保存。

第十二条 海事审判技术专家接受人民法院委托出具书面意见或接受当事人委

托参与诉讼的,应当根据海事审判技术专家所承担工作的实际情况支付相应的报酬。

当事人申请海事审判技术专家参加诉讼的,有关费用由提出申请的当事人负担。

第十三条 海事审判技术专家在任期内有下列情形之一的,予以解聘:

(一)无正当理由,拒绝履行海事审判技术专家工作职责的;

(二)徇私舞弊,影响案件审理的;

(三)本人书面申请辞去海事审判技术专家职务的;

(四)其他不宜再担任海事审判技术专家情形的。

第十四条 本办法自公布之日起施行,由江苏省高级人民法院民四庭负责解释。

卫龙武诉北京中方信富投资管理咨询有限公司证券投资咨询纠纷案

（2023）参阅案例1号

【裁判摘要】

证券投资咨询机构在向投资者提供投资建议时，未按照客观谨慎、忠实客户原则履行义务，存在未履行风险揭示义务、向客户承诺保证收益、虚假宣传等欺诈投资者行为，应根据过错程度，对投资者因其侵权行为所导致的损失承担相应赔偿责任。投资者对损失的发生具有过错的，可以减轻证券投资咨询机构的责任。

【相关法条】

《中华人民共和国证券法》第五十五条　禁止任何人以下列手段操纵证券市场，影响或者意图影响证券交易价格或者证券交易量：

（一）单独或者通过合谋，集中资金优势、持股优势或者利用信息优势联合或者连续买卖；

（二）与他人串通，以事先约定的时间、价格和方式相互进行证券交易；

（三）在自己实际控制的账户之间进行证券交易；

（四）不以成交为目的，频繁或者大量申报并撤销申报；

（五）利用虚假或者不确定的重大信息，诱导投资者进行证券交易；

（六）对证券、发行人公开作出评价、预测或者投资建议，并进行反向证券交易；

（七）利用在其他相关市场的活动操纵证券市场；

（八）操纵证券市场的其他手段。

操纵证券市场行为给投资者造成损失的，应当依法承担赔偿责任。

第五十六条　禁止任何单位和个人编造、传播虚假信息或者误导性信息，扰乱证券市场。

禁止证券交易场所、证券公司、证券登记结算机构、证券服务机构及其从业人员，证券业协会、证券监督管理机构及其工作人员，在证券交易活动中作出虚假陈述或者信息误导。

各种传播媒介传播证券市场信息必须真实、客观，禁止误导。传播媒介及其从事证券市场信息报道的工作人员不得从事与其工作职责发生利益冲突的证券买卖。

编造、传播虚假信息或者误导性信息，扰乱证券市场，给投资者造成损失的，应当依法承担赔偿责任。

第一百六十一条　证券投资咨询机构及其从业人员从事证券服务业务不得有下列行为：

（一）代理委托人从事证券投资；

（二）与委托人约定分享证券投资收益或者分担证券投资损失；

（三）买卖本证券投资咨询机构提供服务的证券；

（四）法律、行政法规禁止的其他行为。

有前款所列行为之一，给投资者造成损失的，应当依法承担赔偿责任。

【点评】

随着投资性金融产品的日益丰富，投资者以卖方机构违反适当性义务为由要求赔偿投资损失的纠纷案件呈上升趋势。如何认定卖方机构违反了适当性义务，如何适用“卖者尽责、买者自负”的投资损失承担规则，是金融消费者权益保护纠纷案件审理中的难点。本案中，人民法院在查明投资者是否充分了解相关金融产品、投资活动的性质及风险等基本事实的基础上，准确适用《中华人民共和国证券法》有关规定，明确证券投资咨询机构侵权认定标准，并依据过错程度确定相应的赔偿责任。在督促证券投资咨询机构尽责归位的同时，对于盲目相信证券投资咨询机构虚假宣传，意图通过该方式获得远超理性投资的不当高额收益的投资者，判令其自行承担相应部分损失，亦体现了对中小投资者的警示教育功能。本案裁判较好地实现了证券投资咨询机构与投资者之间的利益平衡，对于规范证券投资咨询机构经营行为，引导中小投资者理性投资、强化风险意识，促进证券市场健康发展具有积极意义。

原告：卫龙武，男，1951年生，汉族，住江苏省南京市。

被告：北京中方信富投资管理咨询有限公司，住所地北京市朝阳区东三环北路甲19号楼6层706。

原告卫龙武因与被告北京中方信富投资管理咨询有限公司（以下简称中方信富公司）证券投资咨询纠纷一案，起诉至南京江北新区人民法院。

原告卫龙武诉称：中方信富公司在开展业务过程中不履行风险揭示、投资者适当性管理程序、未签约即收费，还通过操纵股市，允诺收益等手段吸引客户，造成卫龙武投资损失。该行为已经严重侵犯了卫龙武的财产利益，卫龙武为维护自身的合法权益诉至法院，请求：（1）中方信富公司赔偿损失573397.57元，及利息损失（以573397.57元为基数，自2020年11月6日至实际给付日，按全国银行间同业拆借中心公布的贷款市场报价利率标准计算，暂计至2021年5月31日为12599.46元）；（2）中方信富公司承担本案诉讼费用。

被告中方信富公司辩称：（1）双方未约定分享股票投资收益，被告没有承诺分担或者承担原告投资损失，原告的损失应自行承担。（2）被告不存在《中华人民共和国证券法》第一百六十一条规定的四种情形。被告已经履行了风险提示与投资者适当性管理程序，在提供投资顾问服务过程中不存在违规行为；即使存在，也与原告的投资损失之间不存在因果关系。（3）原告具有丰富的股票投资经验，应当知晓股票交易存在的风险。本案投资均是原告对被告投资顾问的投资建议判断后自行作出，股票账户自始至终是原告自己操作，盈利或亏损均与被告无关，应当驳回原告的诉讼请求。

南京江北新区人民法院经审理查明：

中方信富公司具有证券投资咨询资质。卫龙武于2020年7月通过“今日头条”广告推荐得知中方信富公司，并通过微信添加中方信富公司员工梁某元为好友，梁某元向卫龙武推送股票投资建议。7月13日，卫龙武向中方信富公司支付5800元购买荐股软件。7月21日，卫龙武微信梁某元“圣龙”“超华业”亏了，梁某元向卫龙武推荐王某勇“王总监”。8月17日，卫龙武添加王某勇微信，问“您说的一次操作可达翻倍的目标能够实现吗”，王某勇回复“当然”；当日卫龙武向中方信富公司支付368000元咨询服务费。同日梁某元向卫龙武邮寄《中方信富财富管理中心服务协议》《证券投资顾问业务风险揭示书》，要求卫龙武收到合同签字后寄回。合同第三条：甲方权利和义务“3.甲方（中方信富公司）向乙方（卫龙武）提供证券买入、卖出建议，仅供乙方参考，不承担乙方的投资风险”；“4.甲方不得代理乙方直接从事证券投资，不得与乙方约定分享乙方证券投资收益或分担损失”。乙方的权利和义务“2. 乙方基于独立的判断，自行决定证券投资，承担投资损失”。次日，王某勇推荐卫龙武购买聚龙股份（300202）、广宇发展（000537）两只股票。后卫龙武反映“你们的荐股跌的可怕”，梁某元在与卫龙武电话通话中表示“你现在不要看盘了，该忙什么忙什么，然后等着出货通知就可以了，已经有人指导你操作，你就不用天天盯盘，你也看不出什么名堂”“王总监亲自坐镇，你就按他操作来就可以”“没事你就放心，然后其他任何问题，王总监会通知你”“现在只是小幅震荡，在我们把握之中”“我们有信心你这个票一个月或者几个月周期赚几倍”。8 月 21 日，卫龙武回复梁某元“我们双方签的合同必须是我们原来商量的全部内容，不能够光用一部分内容来签”，遂拒绝签字。8 月 23 日，卫龙武微信梁某元“你们总是说都在你们控制之内，现在我已经亏了 36 万多……我现在正式通知拟解除协议”。8 月 26 日，卫龙武微信王某勇“我的聚龙已经全部清仓完毕，广宇目前深套，择机割肉清仓，根据你们单位的规定，我早已用文字提出，望你们尽快把钱还给我”。9 月 17 日，卫龙武再次微信王某勇“您要我给你一个月时间，如果达不到目标（按你说的目标及我实际购买股数，应该盈利 584 万），现在不但没有赚钱，反而亏了 23 万，您就把收我的钱退给我，现在请您把收我的 36.8 万元退给我，我将在近期把二只股票清仓处理”，王某勇回复“我都说了九月份，还有九个交易日，最后一天来找我，两个票一定要拿好，要是自己中途卖了，责任自负”。

卫龙武的股票交易情况如下：（1）聚龙股份，2020 年 8 月 17 日以每股 13.75 元买进 300000 股，8 月 24 日以每股 13.7 元卖出 28400 股，8 月 25 日以每股 13.83 元卖出 271600 股，8 月 27 日以每股 13.5 元买进 10000 股，8 月 31 日以每股 14.09 元买进 30000 股，9 月 23 日以每股 13.68 元买进 10000 股，10 月 15 日以每股 12.85 元卖出 25000 股，10 月 23 日卖出 25000 股。（2）广宇发展，2020 年 8 月 17 日以每股 7.86 元买进 7600 股，以每股 7.92 元买进 324000 股，以每股 7.91 元买进 100000 股，10 月 15 日以每股 6.72 元卖出 107900 股，以每股 6.79 元卖出 121600 股，10 月 21 日以每股 6.67 元卖出 202100 股。

卫龙武亏损后向深圳证监局举报中方信富公司深圳分公司。2020 年 11 月 2 日，中方信富公司退还卫龙武 368000 元；11 月 6 日，中方信富公司退还卫龙武 5800 元。2021 年 3 月 11 日，深圳证监局书面答复卫龙武，“经查，中方信富深圳分公司存在未完成风险揭示、投资者适当性管理程序且未签约即收费，提供投资顾问性质服务未签署投资顾问协议，服务留痕不全等问题。我局已就上述事项对中方信富深圳分公司采取责令改正的监督管理措施。”另，北京证监局于 2020 年 2 月 27 日作出《关于对北京中方信富投资管理有限公司采取责令暂停新增客户监管措施的决定》，上载“你公司在开展证券投资咨询业务中，存在以下违规行为：一是部分员工存在承诺收益及虚假宣传情形……我局责令你公司全面整改，暂停新增客户六个月。”

另查明：中方信富公司数据平台留存卫龙武个人数据，显示卫龙武曾进行风险承受能力测评，为稳健型。中方信富公司解释因卫龙武缴纳5800元前已进行风险等级评估，故在其缴纳368000元时未再进行风险等级评估。

南京江北新区人民法院一审认为：

卫龙武与中方信富公司虽未签订书面的投资顾问协议，但卫龙武向中方信富公司缴纳了服务费用，中方信富公司向卫龙武提供了相关信息、预测或建议服务，双方之间成立证券投资咨询关系。《中华人民共和国证券法》第一百六十一条规定，“证券投资咨询机构及其从业人员从事证券服务业务不得有下列行为：（一）代理委托人从事证券投资；（二）与委托人约定分享证券投资收益或者分担证券投资损失；（三）买卖本证券投资咨询机构提供服务的证券；（四）法律、行政法规禁止的其他行为。有前款所列行为之一，给投资者造成损失的，应当依法承担赔偿责任”。本案中，中方信富公司承担赔偿责任的前提条件是其具有证券法所规定的上述行为，且该行为与卫龙武的证券投资损失之间存在因果关系。卫龙武、中方信富公司虽未达成书面合意，但中方信富公司邮寄给卫龙武的合同中已经载明其仅提供证券买入、卖出建议供卫龙武参考，由卫龙武自行决定证券投资，承担投资损失，中方信富公司亦通过《证券投资顾问业务风险揭示书》告知卫龙武相应的投资风险，卫龙武未举证证明中方信富公司与其约定分享证券投资收益或承诺分担损失。卫龙武作为证券投资人，应当知晓股票交易存在的风险，由于股市走势、个股行情受国内外经济形势、政策变化、上市公司经营业绩以及技术面、资金面、消息面等各种因素的影响，任何人或者机构都难以对市场作出精准的预测。基于证券投资市场本身所具有的高风险属性，个人或者机构对经济形势和经济政策的理解存在差异，因此，在同一时间，不同的投资顾问对市场走势会作出不同的判断，其就某一股票提出的投资建议，仅是依据自身掌握的专业知识和市场信息所做的合理分析及预测，该建议未必与市场走势相符。卫龙武作为接受咨询一方，应自行决定是否采纳中方信富公司提供的建议，并自行承担投资风险。本案中卫龙武根据中方信富公司提供的证券建议买入股票，在股价波动后卖出，相应的买入、卖出操作均由卫龙武自行实施，买入数量亦是卫龙武自行决定，结合卫龙武提交的证据，不能确定中方信富公司的服务行为与卫龙武的投资损失之间存在必然的因果关系，卫龙武主张中方信富公司对其投资损失承担赔偿责任，缺乏法律依据，应不予支持。

综上，依照《中华人民共和国民事诉讼法》第六十七条第一款、《最高人民法院关于适用〈中华人民共和国民事诉讼法〉的解释》第九十条之规定，南京江北新区人民法院于2022年2月15日作出(2021)苏0192民初4791号民事判决：驳回卫龙武的全部诉讼请求。

一审判决后，卫龙武不服，向南京市中级人民法院提起上诉。

卫龙武上诉称：(1)中方信富公司存在不履行适当义务、以操纵股市为由欺诈、允诺预期收益等违法行为导致损失。中方信富公司员工王某勇承诺“一次操作可达翻倍目标”后，卫龙武支付高额咨询费368000元，并按照王某勇要求建仓聚龙股份。其间，卫龙武发现聚龙股份、广宇发展市场表现太差，多次询问王某勇，王某勇表示该股票价格为震仓吸筹所致，均在布局计划中，坚持要求卫龙武持有股票。2020年10月初，卫龙武亏损处理了聚龙股份、广宇发展。(2)中方信富公司存在允诺收益、虚假宣传违法行为。①2020年2月27日北京证监局责令中方信富公司全面整改，暂停新增客户六个月。本案中，卫龙武与中方信富公司建立证券投资咨询关系、升级会员时间节点均在中方信富公司暂停新增客户期间。②中方信富公司在与卫龙武成立证券投资咨询关系前，未履行适当性义务，未对卫龙武风险承受能力进行测评，未向卫龙武揭示投资风险。(3)中方信富公司存在未签约即收费并提供证券投资咨询服务等违法行为。中方信富公司员工梁某元、王某勇向卫龙武承诺收益后，卫龙武先行缴纳了高额咨询费，之后才收到书面投资咨询合同，因该合同内容与双方约定不符，所以卫龙武没有签订该合同。遂请求二审法院判令：(1)撤销一审判决，改判支持卫龙武的一审诉讼请求；(2)一、二审诉讼费用由中方信富公司负担。

中方信富公司辩称：(1)作为证券投资咨询顾问公司，中方信富公司不是需承担违反适当性义务民事责任的金融服务者。(2)中方信富公司与卫龙武达成第一次证券投资咨询法律关系时，中方信富公司就对卫龙武履行了风险测评、风险揭示等适当性程序，只是当事人是在网站上进行的电子流程，相关测评结果存储在投资者的个人账户中。(3)卫龙武的投资损失与中方信富公司推荐之间没有因果联系。其预测两只股票会在中期有翻倍表现，是基于对两只股票研究分析得出的预测，不构成承诺收益。卫龙武是投资经验、企业管理经验、社会经验非常丰富的投资者，其对证券市场的风险认知水平较高，其亦未与中方信富公司签订投资收益分享、投资风险分担协议，案涉股票交易数量、交付方向均是其自身决策所致，应由其自行承担。(4)根据证券法的规定，证券投资咨询机构仅应在代理委托人从事证券投资等行为给投资者造成损失的，才承担赔偿责任，不应扩大证券投资咨询机构赔偿情形。请求驳回上诉，维持原判。

南京市中级人民法院经二审审理，确认了一审查明的事实。

南京市中级人民法院二审认为：

证券市场本身具有高风险属性，对于众多社会公众投资者而言，无论是在交易信息渠道，还是在专业知识和投资经验，均处于弱势或不利地位。只有依法建立规范、有序、公平的证券市场，才能增强投资者的信心和安全感，其中依法规范证券投资咨询机构的投资建议服务，是切实保护投资者合法权益的重要环节。

本案中，中方信富公司、卫龙武未签订书面证券投资顾问协议，但卫龙武缴纳了相关服务费用，中方信富公司已向卫龙武提供证券投资顾问服务，双方成立证券投资咨询关系。作为具有投资服务资质的中方信富公司及其从业人员梁某元、王某勇在向卫龙武提供投资建议时理应按照客观谨慎、忠实客户的原则履行义务，但综合全案证据，二审法院认定中方信富公司存在以下侵权行为：

首先，中方信富公司未履行风险揭示义务、投资者适当性管理程序，未向卫龙武提示潜在投资风险。基于证券市场的高风险属性，任何个人或机构均无法对证券市场走势作出准确判断，因此，《中华人民共和国证券法》及相关部门规章、行业自律规定均要求证券投资咨询机构客观、专业、审慎地对宏观经济、行业状况、证券市场变动情况发表意见，传播证券知识，揭示投资风险，引导理性投资。卫龙武与中方信富公司成立证券投资咨询关系，中方信富公司主张其已经就投资风险对卫龙武进行揭示，应当举证证明。一审中，中方信富公司主张 2020 年 7 月其已经对卫龙武进行了风险测评和风险揭示，提交了模拟签约过程及个人数据截屏，拟证明该公司数据平台留存卫龙武个人数据，佐证卫龙武曾进行风险承受能力测评，为稳健型。但中方信富公司提交的前述证据是模拟演示卫龙武通过电子程序与该公司建立投资咨询关系，而非原始电子数据，其无法提交卫龙武认可或确认的风险揭示过程，且深圳证监局亦认定其存在“未完成风险揭示”“服务留痕保存不全”等问题，故二审法院认定中方信富公司未能就投资风险对卫龙武进行揭示。再者，中国证券监督管理委员会发布的《证券投资顾问业务暂行规定》第十五条规定，证券投资顾问应当根据了解的客户情况，在评估客户风险承受能力和服务需求的基础上，向客户提供适当的投资建议服务。本案中，中方信富公司未提交证据证明其已经履行投资者适当性管理程序。中方信富公司辩称证券投资顾问机构不是需承担违反适当性义务民事责任的金融服务者，缺乏依据，二审法院不予采纳。

其次，中方信富公司存在向客户承诺保证收益情形。根据《证券、期货投资咨询管理暂行办法》第二十四条第二项的规定，证券、期货投资咨询机构及其投资咨询人员不得向投资者承诺证券、期货投资收益；《证券投资顾问业务暂行规定》第十九条，再次重申"证券投资顾问向客户提供投资建议，应当提示潜在的投资风险，禁止以任何方式向客户承诺或者保证投资收益"。本案中，2020 年 8 月 17 日卫龙武添加王某勇微信，问"您说的一次操作可达翻倍的目标能够实现吗"，王某勇回复"当然"；之后梁某元、王某勇等人亦多次在微信中承诺"我们有信心你这个票一个月或者几个月周期赚几倍"等。前述中方信富公司员工梁某元、王某勇的回复内容已经构成对卫龙武投资收益的承诺。中方信富公司辩称前述回复仅是基于研究分析得出的预测，与通常理解和解释不符，二审法院不予采信。

再次，中方信富公司存在虚假宣传情形。《中华人民共和国证券法》2019 年修订时删除了原第一百七十一条第一款第四项投资咨询机构及其从业人员从事证券服务业务不得有"利用传播媒介或者通过其他方式提供、传播虚假或者误导投资者的信息"行为，但修订后《中华人民共和国证券法》第五十五条第一款第五项规定，禁止任何人利用虚假或者不确定的重大信息，诱导投资者进行证券交易，影响或者意图影响证券交易价格或者证券交易量；第五十六条第二款规定，禁止证券交易场所、证券公司、证券登记结算机构、证券服务机构及其从业人员，证券业协会、证券监督管理机构及其工作人员，在证券交易活动中作出虚假陈述或者信息误导。《中华人民共和国证券法》的前述修订实质上强化了证券服务机构的信息披露责任，《证券投资顾问业务暂行规定》第二十四条亦明确"证券公司、证券投资咨询机构应当规范证券投资顾问业务推广和客户招揽行为，禁止对服务能力和过往业绩进行虚假、不实、误导性的营销宣传，禁止以任何方式承诺或者保证投资收益"。一审中，为证明中方信富公司员工梁某元、王某勇等人对卫龙武进行欺诈，卫龙武提交了其与梁某元、王某勇等人之间的微信聊天记录、通话录音等证据。中方信富公司认可梁某元、王某勇是该公司员工，认可微信聊天记录真实性，但无法当庭核实通话录音真实性。在一审法院指定期间，中方信富公司未提交书面核实意见。二审中，中方信富公司陈述梁某元、王某勇已经离职，其无法核实通话录音真实性。对此，二审法院认为，卫龙武提交的通话录音有证据原件可供核对，通话录音内容与中方信富公司认可的微信聊天记录记载内容吻合，且中方信富公司怠于核实该证据的真实性，故二审法院对卫龙武提交的通话录音予以采信。前述微信聊天记录及通话录音中，中方信富公司员工梁某元、王某勇以所谓“主力资金”内幕消息或虚假操纵市场信息，诱导卫龙武进行证券交易，例如梁某元陈述“我们跟着主力走，你赚市场钱就可以，现在就是给你赚市场钱机会，你后期赚大钱就知道，王总操盘水平这样，你肯定会，哪怕你有大资金，你也会跟着操作”等。

最后，中方信富公司存在代客户作出投资决策情形。《中华人民共和国证券法》第一百三十六条第二款规定，证券公司的从业人员不得私下接受客户委托买卖证券；《证券投资顾问业务暂行规定》第十二条第一款第四项、第五项进一步明确规定“投资决策由客户作出，投资风险由客户承担”“证券投资顾问不得代客户作出投资决策”。前述规定既是为了规范证券交易行为，禁止内幕交易、操纵市场，也是为了保护投资者的合法权益。本案中，虽然案涉证券交易账户在卫龙武控制之下，但自 2020 年 8 月以来，中方信富公司员工梁某元、王某勇多次要求卫龙武按其指示操作，不仅明确建议购买两只股票，还反复强调卫龙武要按其要求持有至 2020 年 9 月底，甚至在卫龙武多次质疑，并提出“现在我已经亏了 36 万多……我现在正式通知拟解除协议”“择机割肉清仓”等后，王某勇还回复“我都说了九月份，还有九个交易日，最后一天来找我，两个票一定要拿好，要是自己中途卖了，责任自负”。中方信富公司员工梁某元、王某勇的前述行为已经明显超出“向客户提供涉及证券及证券相关产品的投资建议服务，辅助客户作出投资决策”的范畴，有代卫龙武作出投资决策情形。

综上，中方信富公司存在未履行投资者适当性管理程序、未向投资者卫龙武揭示潜在投资风险、向客户承诺保证收益、向客户虚假宣传及代客户作出交易决策等违反《中华人民共和国证券法》、中国证券监督管理委员会监管规定和行业自律规定的欺诈投资者行为，该行为与卫龙武投资案涉股票的损失之间具有直接的因果关系，故中方信富公司因过错侵害卫龙武民事权益，应赔偿卫龙武因其侵权行为所导致的损失。

关于中方信富公司赔偿责任范围问题。二审法院认为，证券市场的交易公平是以交易主体的理性判断为前提。在强化证券机构履行投资者适当性义务规定，把好投资者“入口关”的同时，不仅要督促证券投资咨询机构尽责归位，还要加强投资者教育，帮助投资者了解证券市场、产品与服务以及交易规则，了解资本市场法律规定，树立风险意识，了解权利救济途径，提升投资者的投资决策能力、产品配置能力、权益保护能力。本案中,作为合格证券市场投资者,卫龙武理应了解证券投资的风险,却盲目相信网络荐股软件和证券投资咨询机构的虚假宣传,意图通过该方式获得远超理性投资的不当高额收益,亦有违证券市场的公平交易原则。再者,案涉股票交易账户由卫龙武掌控,相应的买入、卖出操作及买入数量等均是由卫龙武实施,其亦对损失的发生具有过错,可以减轻侵权人中方信富公司的责任。综合本案中双方的过错程度,二审法院酌定中方信富公司对卫龙武的案涉投资损失承担70%的赔偿责任。

关于卫龙武投资案涉股票的损失金额问题。卫龙武提交的微信聊天记录显示中方信富公司员工要求卫龙武持有推荐股票至2020年9月底,前述期间届满后卫龙武在公开市场上以合理价格在合理期间内卖出案涉股票产生亏损,中方信富公司亦无证据证明卫龙武存在故意扩大损失情形,故二审法院认定自2020年8月17日卫龙武按中方信富公司员工要求买入聚龙股份、广宇发展开始,至2020年10月卫龙武清空前述股票止,卫龙武的实际损失为573397.57元。中方信富公司应对其中401378.30元向卫龙武承担赔偿责任。卫龙武还主张中方信富公司应自2020年11月6日起按LPR标准赔偿其利息损失,缺乏依据,二审法院不予支持。

综上,卫龙武的部分上诉请求成立,应予支持。依照《中华人民共和国证券法》第五十五条、第五十六条、第一百六十一条,《中华人民共和国民事诉讼法》第一百七十七条第一款第二项之规定,南京市中级人民法院于2022年9月15日作出(2022)苏01民终3968号民事判决:

一、撤销南京江北新区人民法院(2021)苏0192民初4791号民事判决;

二、北京中方信富投资管理咨询有限公司于判决生效之日起7日内赔偿卫龙武投资损失401378.30元;

三、驳回卫龙武的其他诉讼请求。

案例报送单位:南京市中级人民法院
一审独任审判员:张巧玲
二审合议庭成员:许云苏、夏奇海、程俊杰
报送人:程俊杰、王怡文
审稿人:卢燊绅

江苏省国际高新技术展示交易中心有限公司破产清算转和解案

（2023）参阅案例2号

【裁判摘要】

对具有挽救价值的中小微企业，应积极引导企业破产清算转和解，探索运用预表决规则，通过听证程序征询全体债权人意见，在转入和解程序后根据已通过的表决规则，及时裁定认可和解协议。

【相关法条】

《中华人民共和国企业破产法》第九十五条　债务人可以依照本法规定，直接向人民法院申请和解；也可以在人民法院受理破产申请后、宣告债务人破产前，向人民法院申请和解。

债务人申请和解，应当提出和解协议草案。

第九十六条　人民法院经审查认为和解申请符合本法规定的，应当裁定和解，予以公告，并召集债权人会议讨论和解协议草案。

对债务人的特定财产享有担保权的权利人，自人民法院裁定和解之日起可以行使权利。

第九十七条　债权人会议通过和解协议的决议，由出席会议的有表决权的债权人过半数同意，并且其所代表的债权额占无财产担保债权总额的三分之二以上。

第九十八条　债权人会议通过和解协议的，由人民法院裁定认可，终止和解程序，并予以公告。管理人应当向债务人移交财产和营业事务，并向人民法院提交执行职务的报告。

【点评】

中小微企业是我国数量最大、最活跃的市场主体，在繁荣经济、吸纳就业、改善民生、促进创新等方面发挥着不可替代的重要作用。同时，在我国众多类型的市场主体中，中小微企业的风险防范能力明显低于其他主体。人民法院在办理中小微企业破产案件时，应当充分考虑中小微企业经营特点和纾困需求，积极创新工作机制，尽可能帮助企业高质、高效实现重整、和解，公平有序清偿各方债权，提高危困中小微企业挽救成效。本案中，法院结合企业持续经营能力、所在行业的发展前景，探索运用预表决规则，征询全体债权人对于债务企业转入和解程序以及和解协议草案的意见，在全体债权人均同意和解协议草案的情况下转入和解程序，并根据已通过的表决规则，及时裁定认可和解协议并终止和解程序。从申请转入和解程序，经审查批准并最终裁定认可和解协议，高效推进和解程序，用时不到1个月，帮助企业成功实现和解，走出困境。本案充分体现了最高人民法院关于“科学甄别、依法保护有挽救价值的中小微企业”的司法政策，入选2022年人民法院助力中小微企业发展典型案例。

申请人：江苏东恒国际集团有限公司，住所地南京市中华路50号江苏经贸大厦。

被申请人：江苏省国际高新技术展示交易中心有限公司，住所地南京市中华路50号江苏经贸大厦。

2021年2月1日，申请人江苏东恒国际集团有限公司（以下简称东恒国际公司）以被申请人江苏省国际高新技术展示交易中心有限公司（以下简称高新技术公司）不能清偿到期债务，且资产不足以清偿全部债务为由，向南京市中级人民法院申请破产清算。南京市中级人民法院经审查认为，高新技术公司不能清偿到期债务，且资产不足以清偿全部债务，符合破产清算的受理条件，于2021年2月25日作出（2021）苏01破4号民事裁定，受理东恒国际公司对高新技术公司的破产清算申请，并于同日指定破产管理人。

经调查，被申请人高新技术公司于2001年12月19日在江苏省市场监督管理局登记设立，注册资本1000万元，股东为申请人东恒国际公司、江苏东恒集团高新技术产业有限公司、江苏东恒集团国际经贸商务有限公司，持股比例为90%、5%、5%。经营范围为承办国内、国际高新技术成果与产品展览及相关技术考察、咨询服务等。高新技术公司作为向国内公司参加境内外展会提供服务的中小微企业，位列江苏省商务厅公布的11家展会资质服务供应商名录。近年来公司会展业务经营正常，收入稳定，连续多次中标境内外重点展会江苏团组的承办工作。在高新技术公司进入破产程序前，尚有展会项目在推进，均为江苏省贸易促进计划内展会，且大部分参展客户已通过高新技术公司向主办方全额支付展位费。受疫情影响，大部分展会已延期举行，公司经营陷入困境。如对高新技术公司进行破产清算，参展商将无法继续参展并申报财政补贴，债权清偿率较低，将遭受重大损失。

在审理过程中，被申请人高新技术公司、大多数债权人均表达了希望达成和解以维持企业继续运行，且愿意为挽救企业承担一定风险并作出利益上让步的意愿。有鉴于此，法院指导破产管理人拟定了和解协议草案，向全体债权人征询对于高新技术公司转入和解程序以及和解协议草案的意见。同时，为保障程序规则的合法性与合理性，在预表决时，同步对和解协议草案表决规则进行表决，该表决规则明确转入和解程序且债务人未对和解协议草案内容作实质性变更的，无须再次表决，预表决结果视为转入和解程序后的表决结果。最终全体债权人均同意和解协议草案及表决规则。2021年8月25日，高新技术公司向南京市中级人民法院申请和解并提交了和解协议（草案），请求转入和解程序。为了保障当事人各方充分表达意见的权利，2021年9月13日，南京市中级人民法院组织高新技术公司、公司股东、职工代表及债权人代表进行听证，充分听取各方对转入和解的意见。

南京市中级人民法院审查认为：

一、被申请人高新技术公司具备挽救希望和挽救价值

被申请人高新技术公司作为常年为国内公司参加境内外展会提供服务的中小微企业，位列江苏省商务厅公布的11家展会资质服务供应商名录。因疫情防控措施影响导致企业主营业务无法继续，在破产程序中，债务人、主要债权人均表达了挽救企业的愿望，且愿意为挽救企业承担一定风险并作出利益上的让步。按照“科学甄别、依法保护有挽救价值的中小微企业”的政策导向，结合企业持续经营能力、所在行业的发展前景，在充分听取各方意见后，综合判断高新技术公司具有挽救希望和挽救价值。

二、设置多种清偿模式供债权人选择

与大企业不同，中小微企业资金规模较小，主要资产多被设定优先权，经营过程中受外部影响较大、抗风险能力弱，在陷入困境时，较少的清偿资产导致债权人可能不愿意投入时间和资源解决中小微企业的

财务困难。在引导中小微企业和解时，应当充分考虑中小微企业的特点，在寻求债权人与债务人利益平衡的基础上，以企业再生所获得的利益即企业未来一段时间内的持续经营收入偿还债务从而维持企业的正常经营。

本案中，为兼顾不同债权人的利益诉求，和解协议草案设置三种清偿模式，将所有债权人的不同诉求全部纳入和解协议的清偿方案，并给予债权人同等的自主选择权：

一是按照法院裁定确认的债权额的一定比例即时获得清偿。这种模式体现了效率优先，即以清偿金额的一定折扣换取债权人权益的快速变现。当然，前提是清偿比例不低于破产清算状态下所能获得清偿的比例。

二是在和解程序终结后的三年内暂不清偿，之后再通过企业的持续经营收入偿还债务。该模式的核心是“以时间换空间”，基于债权人对企业未来持续经营能力的认可，在保障债权人利益最大化的同时，也为企业的持续经营减轻负担，实现各方的共赢。

三是鉴于被申请人高新技术公司的行业特性，充分考虑会展债权人的需求，对于愿意继续通过高新技术公司参加会展的，由债权人与企业重新签订合同，继续提供会展服务。

三、预表决规则的适用

破产程序作为概括的清偿程序，是对债务企业现存全部债权债务关系的清理，破产程序具有不可逆性。本案中，被申请人高新技术公司、部分债权人仅是表达了希望达成和解的意愿，但对于能否转入和解以及后续成功和解仍存较大的不确定性。如果贸然转入和解程序，而债权人会议又未能通过和解协议草案，则高新技术公司仍将被宣告破产，不只造成程序空转，进一步消耗程序成本，更会严重影响债权人利益的实现。探索适用预表决规则，不仅有利于全面、真实了解债权人的意愿，而且有助于法院对和解可行性的甄别，能够有效降低程序空转的风险。同时，为了保障当事人各方充分表达意见的权利，本案采用了听证方式，充分听取各方对转入和解的意见，在此基础上就和解的可行性得出初步结论，为后续清算转和解程序的高效推进提供便利。

关于预表决规则的规定，企业破产法未作规定，仅在《全国法院民商事审判工作会议纪要》有关庭外重组协议效力在重整程序的延伸中有所体现。对于和解协议草案的预表决效力能否在后续的和解程序中获得认可，对于实现中小微困境企业的高效挽救至关重要。

为保障程序的高效推进，从降低制度性成本角度，本案探索适用预表决规则，征询全体债权人对于被申请人高新技术公司转入和解程序以及和解协议草案的意见。为保障程序规则的合法性与合理性，在预表决时，同步对和解协议草案表决规则进行表决。该表决规则明确转入和解程序且债务人未对和解协议草案内容作实质性变更的，无须再次表决，预表决结果视为转入和解程序后的表决结果。最终，鉴于企业向债权人充分披露了企业的情况及和解协议草案内容，全体债权人在预表决时也均表决同意和解协议草案，和解协议草案内容未作实质性变更，且后续未有债权人提出任何异议，债权人的知情权、表决权、异议权得到了充分保障，依据已通过的表决规则，预表决效力得以延续，和解程序得以高效推进。

综上，依照《中华人民共和国企业破产法》第九十五条、第九十六条第一款之规定，南京市中级人民法院于2021年9月14日作出（2021）苏01破4号之二民事裁定书：江苏省国际高新技术展示交易中心有限公司和解。

鉴于全体债权人在预表决时均表决同意和解协议草案，和解协议草案内容未作实质性变更，且在给予的七天异议期内，未有债权人提出任何异议，债权人的知情权、表决权、异议权得到了充分保障，依据已通过的和解协议草案表决规则，南京市中级人民法院于2021年9月22日作出（2021）苏01破4号之三民事裁定书：

一、认可江苏省国际高新技术展示交易中心有限公司和解协议。

二、终止江苏省国际高新技术展示交易中心有限公司和解程序。

2021年11月3日，高新技术公司管理人提交和解协议执行情况报告，高新技术公司和解协议清偿方案执行完毕。

案例报送单位：南京市中级人民法院

合议庭成员：王　静、洪　彦、蒋　伟

报送人：王　静、焦明明

审稿人：缪　芳

陆涛与启东绿城香格置业有限公司、王国银等执行监督案

（2023）参阅案例3号

【裁判摘要】

对于未经生效法律文书确定的到期债权，第三人在履行到期债务通知指定的期间内提出异议的，人民法院不得对第三人强制执行，对第三人提出的异议亦不进行审查。

第三人对生效法律文书确定的到期债权提出异议的，人民法院应当进行审查。如第三人仅否认生效法律文书确定的债权的，人民法院应当裁定驳回其异议请求；如第三人以债权已消灭等法律文书生效后的实体事由提出排除执行异议的，可以参照《最高人民法院关于人民法院办理执行异议和复议案件若干问题的规定》第七条第二款关于被执行人异议的相关规定，审查第三人提出的实体事由是否成立。

【相关法条】

《最高人民法院关于人民法院执行工作若干问题的规定（试行）》47. 第三人在履行通知指定的期间内提出异议的，人民法院不得对第三人强制执行，对提出的异议不进行审查。

《最高人民法院关于适用〈中华人民共和国民事诉讼法〉的解释》第四百九十九条　人民法院执行被执行人对他人的到期债权，可以作出冻结债权的裁定，并通知该他人向申请执行人履行。

该他人对到期债权有异议，申请执行人请求对异议部分强制执行的，人民法院不予支持。利害关系人对到期债权有异议的，人民法院应当按照民事诉讼法第二百三十四条规定处理。

对生效法律文书确定的到期债权，该他人予以否认的，人民法院不予支持。

《最高人民法院关于人民法院办理执行异议和复议案件若干问题的规定》第七条第二款　被执行人以债权消灭、丧失强制执行效力等执行依据生效之后的实体事由提出排除执行异议的，人民法院应当参照民事诉讼法第二百二十五条（2023 年修正后第二百三十六条）规定进行审查。

《中华人民共和国民事诉讼法》第二百三十六条　当事人、利害关系人认为执行行为违反法律规定的，可以向负责执行的人民法院提出书面异议。当事人、利害关系人提出书面异议的，人民法院应当自收到书面异议之日起十五日内审查，理由成立的，裁定撤销或者改正；理由不成立的，裁定驳回。当事人、利害关系人对裁定不服的，可以自裁定送达之日起十日内向上一级人民法院申请复议。

【点评】

本案主要涉及人民法院对第三人以实体事由排除到期债权执行的异议是否进行审查问题。《最高人民法院关于人民法院执行工作若干问题的规定（试行）》第四十七条规定，人民法院对第三人在履行通知指定的期间内提出的异议不予审查，并未区分到期债权是否已经生效法律文书确定。对此，《最高人民法院关于适用〈中华人民共和国民事诉讼法〉的解释》第四百九十九条对该他人提出异议的审查问题作出了区别性规定，但是，仍未进一步明确在执行经生效法律文书确定的到期债权时，第三人以债权因履行或其他法定事由已消灭等生效法律文书生效后的实体事由提出排除执行异议的，人民法院是否应当启动审查程序及如何进行审查。司法实践中，主要存在不区分到期债权是否经生效法律文书确定，滥用第三人异议“不审查、不执行”规则，或者在到期债权已经生效法律文书确定后，对于第三人提出的异议不作区分即强制执行的两种认识误区。本案执行监督裁定明确人民法院在执行经生效法律文书确定的到期债权时，对第三人异议应通过异议案件审查及审查路径，充分保障了申请执行人、被执行人及第三人的合法权益，厘清了司法实践中的认识误区，也有助于推动完善第三人异议法律制度。

申诉人:陆涛,男,1978年生,汉族,住如皋市搬经镇。

利害关系人:启东绿城香格置业有限公司,住所地启东市汇龙镇长江中路538号附1号。

被执行人:王国银,男,1987年生,汉族,住如皋市搬经镇。

被执行人:张培培,女,1986年生,汉族,住如皋市城北街道。

申诉人陆涛因不服南通市中级人民法院作出的(2021)苏06执复137号执行裁定,向江苏省高级人民法院提出申诉。

经审查查明,2020年8月3日,如皋市人民法院就陆涛诉王国银、张培培民间借贷纠纷一案,作出(2020)苏0682民初359号民事判决:王国银、张培培于判决生效后立即偿还原告陆涛借款450000元及利息(以450000元为本金按年利率24%自2019年9月24日起计算至实际给付之日止);王国银于判决生效后立即偿还陆涛借款1834389.78元及利息(以1834389.78元为本金,按年利率24%,自2019年9月24日起计算至实际给付之日止);王国银于判决生效后立即支付陆涛律师费45000元;驳回陆涛的其他诉讼请求。案件受理费25440元,由王国银负担。上述判决生效后,陆涛向如皋市人民法院申请强制执行,该院于2020年9月28日以(2020)苏0682执3174号案件立案执行。执行中,该院于2020年12月14日向启东绿城香格置业有限公司(以下简称绿城公司)发出(2020)苏0682执3174号通知书,要求其在收到该通知书后十五日内将被执行人王国银、张培培的到期债权239537元汇至该院账户,不得向被执行人王国银、张培培及其委托的任何个人及单位支付,若有异议,在收到通知后十五日内向该院提出。

另查明,2018年12月6日,启东市人民法院就王国银、张培培诉绿城公司商品房销售合同纠纷一案,出具(2018)苏0681民初9318号民事调解书,调解主文为:解除双方签订的《商品房买卖合同》,张培培、王国银配合绿城公司办理房屋撤销备案手续;绿城公司于2018年12月30日前退还张培培、王国银购房款239537元;双方就本案其余无纠葛。案件受理费8741元由张培培、王国银负担。

绿城公司不服如皋市人民法院上述执行行为,提出异议称:王国银、张培培2017年6月2日在绿城公司处购买玫瑰园12号楼×室,房屋合同总价为1409040元。因王国银、张培培自身经济原因,经法院调解撤销合同,后王国银、张培培自行找下家出售,房款由下家倪某某直接打款给王国银,绿城公司协助撤销合同并办理网签更名手续,未收取其他任何费用。故绿城公司已不再欠付王国银、张培培款项。

如皋市人民法院认为,《最高人民法院关于人民法院执行工作若干问题的规定(试行)》第四十五条规定,被执行人不能清偿债务,但对本案以外的第三人享有到期债权的,人民法院可以依申请执行人或被执行人的申请,向第三人发出履行到期债务的通知;第四十七条规定,第三人在履行通知指定的期间内提出异议的,人民法院不得对第三人强制执行,对提出的异议不进行审查。本案中,该院对绿城公司发出(2020)苏0682执3174号通知书核心内容是要求绿城公司将被执行人王国银、张培培对其享有的到期债权239537元汇至该院账户,并给予了十五天的异议时间,应当认定该通知即为上述司法解释规定中的履行到期债务通知。绿城公司在收到该通知后在指定期限内书面向如皋市人民法院提出异议,根据上述司法解释规定,应不得对案涉债权强制执行及对其提出的异议审查。本案申请执行人陆涛可另案提起代位权诉讼,再视诉讼结果决定是否执行。依照《中华人民共和国民事诉讼法》第二百二十五条,《最高人民法院关于人民法院执行工作若干问题的规定(试行)》第四十五条、第四十七条之规定,如皋市人民法院于2021年7月7日作出(2021)苏0682执异165号执行裁定:本案终止审查。

陆涛不服上述裁定,向南通市中级人民法院申请复议称:申请执行人具有合法的执行依据,原审法院查封被执行人的到期债权符合法律规定,绿城公司与张培培、王国银的纠纷经启东市人民法院调解,也已经确认绿城公司对张培培、王国银负有到期债务,绿城公司对该到期债务是否持有异议,均不应得到法院的支持。现绿城公司未能提出有效的执行异议,原审法院未对该异议进行审查,属程序错误,而绿城公司提交的材料与本案没有关联性,启东人民法院的法律文书生效后,张培培、王国银未申请执行,对绿城公司的债权依然存在,故请求撤销如皋市人民法院(2021)苏0682执异165号执行裁定,并继续执行张培培、王国银对绿城公司的债权。

南通市中级人民法院认为,《最高人民法院关于适用〈中华人民共和国民事诉讼法〉的解释》(2020年修正)第五百零一条规定,人民法院执行被执行人对他人的到期债权,可以作出冻结债权的裁定,并通知该他人向申请执行人履行。该他人对到期债权有异议,申请执行人请求对异议部分强制执行的,人民法院不予支持。利害关系人对到期债权有异议的,人民法院应当按照《中华人民共和国民事诉讼法》第二百二十七条规定处理。本案中,对绿城公司应当给付张培培、王国银的款项有启东市人民法院生效法律文书确认,绿城公司对此亦并无异议,应当予以认定。绿城公司认为该公司虽未给付张培培、王国银执行款，但因张培培、王国银自行出售案涉房屋，所应得的房款已经收回，应当视为绿城公司在履行生效法律文书确定的义务，后对其与张培培、王国银之间是否存在债权债务关系提出异议，由此产生的救济途径是申请执行人另行提起代位权诉讼。对此，《最高人民法院关于人民法院执行工作若干问题的规定（试行）》第四十七条规定，第三人在履行通知指定的期间内提出异议的，人民法院不得对第三人强制执行，对提出的异议不进行审查。绿城公司在法院规定的期限内提出了异议，不符合《中华人民共和国民事诉讼法》第二百二十五条或者第二百二十七条规定的执行异议受理条件，已经立案的，应当裁定驳回申请。如皋市人民法院裁定终结审查不符合法律规定，予以更正。依照《最高人民法院关于人民法院办理执行异议和复议案件若干问题的规定》第二十三条第二款之规定，南通市中级人民法院于2021年8月31日作出（2021）苏06执复137号执行裁定：（一）撤销如皋市人民法院（2021）苏0682执异165号裁定。（二）驳回启东绿城香格置业有限公司的执行异议审查申请。

陆涛不服上述裁定，向江苏省高级人民法院申诉，请求：（1）依法撤销南通市中级人民法院（2021）苏06执复137号执行裁定、如皋市人民法院（2021）苏0682执异165号执行裁定；（2）裁定由如皋市人民法院审查绿城公司的异议请求，并在此基础上执行被执行人王国银、张培培依据（2018）苏0681民初9318号民事调解书对绿城公司享有的生效到期金钱债权。事实及理由：（一）南通市中级人民法院认为对绿城公司的执行异议应按照第三人异议制度不予审查并直接对该债权不予执行，系适用法律错误。（1）《最高人民法院关于适用〈中华人民共和国民事诉讼法〉的解释》（2020年修正）第五百零一条第二款以及《最高人民法院关于人民法院执行工作若干问题的规定（试行）》第四十七条的规定，仅适用于被执行人与第三人之间的到期债权尚未经生效法律文书确定的情形，而不适用于被执行人与第三人之间已有生效法律文书确定的债权。（2）《最高人民法院关于适用〈中华人民共和国民事诉讼法〉的解释》（2020年修正）第五百零一条第三款规定："对生效法律文书确定的到期债权，该他人予以否认的，人民法院不予支持。"故该条法律条文已明确排除了第三人异议制度的适用，即第三人不能对生效法律文书确定的到期债权提出异议并排除人民法院的强制执行。本案中，被执行人王国银、张培培基于（2018）苏0681民初9318号民事调解书对绿城公司享有债权，据此，申诉人有权依据《最高人民法院关于适用〈中华人民共和国民事诉讼法〉的解释》（2020年修正）第五百零一条第一款、第三款之规定，在执行程序中执行被执行人对绿城公司享有的生效法律文书确定的债权。（二）人民法院应在执行程序中直接审查绿城公司对被执行人王国银、张培培的清偿义务所提异议，而非要求申诉人另案提起代位权诉讼。（1）根据《最高人民法院关于人民法院办理执行异议和复议案件若干问题的规定》第七条第二款规定，被执行人以债权消灭、丧失强制执行效力等执行依据生效后的实体事由提出排除执行异议的，人民法院应当参照《中华人民共和国民事诉讼法》第二百二十五条规定进行审查。该规定是基于我国目前法律上尚不存在债务人异议之诉制度的现实情况，赋予执行异议程序在特定情形下的实体审查权，以此保证相关债务人获得法律程序上的救济。就本案而言，当被执行人王国银、张培培与绿城公司之间的债权债务关系已经生效法律文书确认的情况下，执行法院根据申请执行人陆涛的申请对被执行人王国银、张培培享有的对绿城公司相关债权采取执行措施，实质上是对该到期债权的代位执行程序，是在代替被执行人王国银、张培培对其具有执行依据的债权进行执行。因此，如果绿城公司主张债务已经实际清偿完毕，性质上属于以执行依据生效后发生的实体事由提出排除执行的异议。因此，人民法院应在执行异议程序中依法对该事由是否存在和成立直接予以审查认定。（2）债权人提起代位权诉讼的前提是债务人怠于行使到期债权影响债权人债权实现，债权人可以自己的名义代位行使权利。此处的代位行使权利应理解为对次债务人提起诉讼或仲裁。本案中，被执行人王国银、张培培对绿城公司享有的债权已经生效法律文书确定，故申诉人陆涛不符合代位权诉讼的条件，无法通过代位权诉讼行使权利。故原审法院认为陆涛可另案提起代位权诉讼无法律依据。

江苏省高级人民法院认为，本案的争议焦点为：被执行人王国银、张培培与绿城公司之间的到期债权已经生效法律文书确定的情形下，应否按照第三人异议制度对绿城公司所提异议不予审查并不予执行；如需审查，对绿城公司提出的异议，应按何种程序审查。

《最高人民法院关于适用〈中华人民共和国民事诉讼法〉的解释》（2022 年修正）第四百九十九条规定，人民法院执行被执行人对他人的到期债权，可以作出冻结债权的裁定，并通知该他人向申请执行人履行。该他人对到期债权有异议，申请执行人请求对异议部分强制执行的，人民法院不予支持。利害关系人对到期债权有异议的，人民法院应当按照《中华人民共和国民事诉讼法》第二百三十四条规定处理。对生效法律文书确定的到期债权，该他人予以否认的，人民法院不予支持。

《最高人民法院关于人民法院办理执行异议和复议案件若干问题的规定》第七条第二款规定，被执行人以债权消灭、丧失强制执行效力等执行依据生效之后的实体事由提出排除执行异议的，人民法院应当参照《中华人民共和国民事诉讼法》第二百二十五条（2021 年修正后第二百三十二条）规定进行审查。根据上述法律规定，人民法院在执行被执行人对他人的到期债权的，对该他人提出异议的审查制度根据“被执行人对该他人的到期债权是否已经生效法律文书确定”已作出区别性规定，即对该到期债权如尚未经相关诉讼程序确定的，对该他人提出的异议不予审查、不予强制执行；如该到期债权已经生效法律文书确定，该他人予以否认的，应不予支持，执行法院有权对其强制执行。此时该他人作为次债务人之法律地位已近似于被执行人，故应取得不劣于被执行人的程序救济权利。该他人如依据生效法律文书生效后的实体事由提出排除执行异议的，可以参照《最高人民法院关于人民法院办理执行异议和复议案件若干问题的规定》第七条第二款之规定，对其所提异议参照《中华人民共和国民事诉讼法》（2021 年修正）第二百三十二条的规定进行审查。本案中，被执行人王国银、张培培与次债务人绿城公司的到期债权已经（2018）苏 0681 民初 9318 号民事调解书确认，应适用《最高人民法院关于适用〈中华人民共和国民事诉讼法〉的解释》（2022 年修正）第四百九十九条第三款及《最高人民法院关于人民法院办理执行异议和复议案件若干问题的规定》第七条第二款之规定，由人民法院对绿城公司主张其对王国银、张培培不再负有债务的实体事由是否成立进行审查，进而认定是否应继续对绿城公司强制执行。

综上，如皋市人民法院、南通市中级人民法院的异议、复议审查中，存在法律适用错误，应予纠正。申诉人陆涛的申诉请求具有事实和法律依据，予以支持。参照《中华人民共和国民事诉讼法》第二百一十一条，依照《最高人民法院关于人民法院执行工作若干问题的规定（试行）》第七十一条之规定，江苏省高级人民法院于 2022 年 12 月 9 日作出（2022）苏执监 557 号执行裁定：

一、撤销南通市中级人民法院（2021）苏 06 执复 137 号执行裁定；

二、撤销如皋市人民法院（2021）苏 0682 执异 165 号执行裁定；

三、指令如皋市人民法院对启东绿城香格置业有限公司所提执行异议进行审查。

案例报送单位：省法院执行裁判庭

执行监督合议庭成员：唐志容、孔　萍、徐　璩

报送人：徐　璩

审稿人：卢燊绅

江苏新洲际国际贸易有限公司诉王任斌、第三人中钢钢铁有限公司股权代持纠纷案

【编者按】

外国法查明难、适用难,是涉外商事审判工作的痛点难点问题。准确查明并正确适用外国法,对于推进涉外法治工作,切实保障我国投资人海外合法权益,促进涉外商事纠纷妥善化解具有重要意义。本案中,法院在认定案涉公司股东变更应当适用钢铁公司登记地即埃塞俄比亚法律规定的情况下,充分发挥专家委员会的作用,委托涉外商事领域专家对埃塞俄比亚有关法律规定进行查询并出具咨询意见,在查清《埃塞俄比亚1960年商法典》规定的基础上作出判决。本案裁判结果得到埃塞俄比亚行政部门的直接认可和执行,不仅对于推动两国司法互信具有重要意义,更是国际司法协助实践领域的一项突破。裁判文书获评第五届全国法院百篇优秀裁判文书。

中华人民共和国江苏省苏州市中级人民法院
民事判决书

(2021)苏05民终2105号

上诉人(原审被告):王任斌,男,1983年生,汉族,住中华人民共和国江苏省张家港市杨舍镇。

委托诉讼代理人:刘淋松,江苏瀛元律师事务所律师。

被上诉人(原审原告):江苏新洲际国际贸易有限公司,住所地中华人民共和国江苏省张家港市杨舍镇城北路178号华芳国际大厦B925室。

法定代表人:蒋德兴,该公司董事长。

委托诉讼代理人:郭丰雷,国浩律师(苏州)事务所律师。

委托诉讼代理人：赵翰舟，国浩律师（苏州）事务所实习律师。

原审第三人：中钢钢铁有限公司（SINO STEEL PLC），住所地埃塞俄比亚民主联邦共和国亚的斯亚贝巴 Nefas Silk - Lafto 区，03 号村（Woreda 3 House No. New, Nefas Silk - Lafto sub city Addis Ababa, Ethiopia）。

法定代表人：肖圣飞，该公司总经理。

委托诉讼代理人：陈林，国浩律师（苏州）事务所律师。

上诉人王任斌因与被上诉人江苏新洲际国际贸易有限公司（以下简称新洲际公司）及原审第三人中钢钢铁有限公司（SINO STEEL PLC）（以下简称中钢公司）股权代持纠纷一案，不服江苏省张家港市人民法院（2020）苏0582 民初9370 号民事判决，向本院提起上诉，本院于 2021 年 2 月 4 日立案后，依法组成合议庭对本案进行了审理。本案现已审理终结。

王任斌上诉请求：（1）撤销原审判决，依法改判驳回新洲际公司的全部诉讼请求；（2）本案一、二审诉讼费用由新洲际公司承担。事实和理由：现有证据充分证明王任斌根本就没有参与《投资合作协议》的磋商、订立，王任斌与新洲际公司不存在股权代持合意，一审法院仅凭签字尾页确认代持关系属于事实认定错误，代持关系是否存在仍处于真伪不明的状态。（一）新洲际公司提供的《公司注册资料及股东相关协议签收表》证明 2016 年 3 月 6 日当天新洲际公司的股东之间签署过《关于收购中钢钢铁公司及投资代持的协议书》，如果王任斌持有的中钢公司的股权也是代持，则理应签订代持协议书，但王任斌未签过；（二）新洲际公司提供的几组证据均不能证明代持关系存在。（1）证据《投资合作协议》中王任斌签字的合同尾页，签字方的身份是相关方而不是代持方。新洲际公司的习惯是在法律文件上让参与者在每一页都签字且加盖骑缝章，但本案中合同骑缝章没有盖到尾页上，也没有做到每一页都签字。故《投资合作协议》王任斌签字的形成时间以及签字时其是否知晓正文内容均存疑。（2）《关于中钢钢铁的股权收购协议书》的签约时间与《投资合作协议》签约时间为同一天，但王任斌作为一方当事人却未在收购协议书上签字，充分说明订立协议的过程中王任斌不在现场，相关内容也没有得到王任斌的认可。（3）赵某云、秦某新、闻某松三位证人于 2020 年 4 月 26 日在（2019）苏 0582 民初 14788 号案件中的证言，因未能出庭作证不能作为定案依据。并且，赵某云、秦某新存在虚假陈述的情形；并无证据显示闻某松是《投资合作协议》的亲历者，其所做的证言与本案无关联性。另外，三位证人或为新洲际公司实际控制人蒋德兴的亲属，或为合作伙伴、员工，均与其存在较强的利害关系，证言的证明力极低。

新洲际公司二审辩称:(一)本案案涉股份代持关系事实清楚,真实有效。(1)新洲际公司与王任斌之间达成了股份代持合意。《投资合作协议》第1.3款明确约定,根据埃塞俄比亚私人有限公司的法律规定以及签证的便利确定四名股东,王任斌为名义股东。所有的投资权益全部归项目公司全体股东。王任斌名义持有目标公司的股权系为项目公司代持,王任斌同意将配合办理相应代持股份的变更登记手续。该条款对于股份代持的原因、代持内容以及无偿代持约定非常清楚,王任斌作为完全民事行为能力人,在签署时理应清楚协议的内容和法律后果。(2)王任斌否认《投资合作协议》对其约束力的理由不能成立。王任斌称协议是为本案特意准备的虚假合同,王任斌没有参与磋商,双方之间没有合意,并非在2016年3月6日签订。但实际上,《投资合作协议》的签署涉及多方,客观上不可能在同一时间签署。《公司注册资料及股东相关协议签收表》证实,最迟的签收时间为2016年11月26日,不存在王任斌所称蒋德兴于2017年欺骗其签署的可能性。《投资合作协议》加盖骑缝章,文本一式十份,内容均相同。江苏金帆电气集团有限公司(以下简称金帆公司)、张家港市埃米尔特投资发展有限公司(以下简称埃米尔特公司)作为退出股东在本案中并无相关利益,不存在提供伪证的动机,王任斌称为诉讼特意准备的说法显然与事实不符。另外,本案代持的40股股份,价值不足1万元,各投资人没有必要为此承担伪造证据、虚假诉讼之风险。《投资合作协议》尾页明确载明"专为《投资合作协议》签署页",证明王任斌在签字时明知《投资合作协议》的文本内容。(二)王任斌声称股份赠与缺乏事实依据。王任斌为新洲际公司代持股份的事实清楚、理由充分。公司股份赠与是一项重大权益处分行为,应当由公司股东会、董事会等机构作出相应决议,且应该要有明确的书面依据,但王任斌未能提供相应证据。王任斌作为管理人员派往埃塞俄比亚任职已经获得较高的薪资报酬,再获赠股份的说法缺乏合理性。(2019)苏0582民初14788号案件中,闻某松、赵某云和秦某新的调查笔录均证明王任斌等三人代持股份,且不存在无偿赠与的事实。另外,中钢公司的实际出资来源于新洲际公司,王任斌未支付任何款项。(三)王任斌无偿转让所有代持股份的条件已成就。新洲际公司于2019年2月12日、4月20日召开董事会,决定将王任斌持有的中钢公司的全部股份变更至新洲际公司名下。根据《投资合作协议》的约定,王任斌应办理代持股份的转让手续。且本案的股份代持,不违反合同法、民法总则的规定,代持关系合法有效。我国与埃塞俄比亚在股权转让方面均没有障碍,且两国之间有双边协定,中国的司法裁判文书可以在埃塞俄比亚得到承认与执行。

新洲际公司向一审法院提出诉讼请求:(1)确认新洲际公司与王任斌关于代持中钢公司股份的合同关系有效;(2)判令王任斌将持有中钢公司的40股股份无偿转让给新洲际公司;(3)本案诉讼费用由王任斌负担。一审中,新洲际公司撤回第一项诉讼请求,将第二项诉讼请求明确为:判令王任斌将持有中钢公司的40股股份无偿转让给新洲际公司并办理相应的股权变更登记手续。

一审法院认定事实如下:2016年3月6日,甲方张家港保税区奥澜德国际贸易有限公司(以下简称奥澜德公司)、乙方金帆公司、丙方埃米尔特公司、丁方张家港诚晟商贸有限公司(以下简称诚晟公司)、戊方赵某云、己方缪某伟、庚方蒋德兴、辛方郭某雷、壬方秦某新签订了《投资合作协议》,约定:各方拟共同在中华人民共和国境内建立一家独立的项目公司、名称暂定为江苏新洲际国际贸易有限公司(具体名称及经营范围以工商部门核准为准),并以项目公司名义投资于非洲埃塞俄比亚的目标公司,即中钢公司;各方的投资比例分别为:甲方38%、乙方23%、丙方20%、丁方5%、戊方7%、己方4%、庚方1%、辛方1%、壬方1%,各方按照上述投资比例认缴新洲际公司的注册资本;根据埃塞俄比亚私人有限公司的法律规定以及签证的便利,各方一致同意目标公司拟确定为四名股东,即项目公司本身及赵某云、蒋德兴、王任斌三名名义股东;各方一致确认,目标公司实际为项目公司的全资子公司,所有的投资权益全部归项目公司全体股东,赵某云、蒋德兴、王任斌三名名义持有目标公司的股权系为项目公司代持,代持比例均为1%,赵某云、蒋德兴、王任斌同意将配合办理相应代持股份的接收变更登记手续,同时同意为项目公司无偿代持,但办理相应手续的差旅、食宿、公证、认证、登记费用由项目公司或目标公司负担;赵某云、蒋德兴、王任斌承诺如项目公司董事会决定更换代持人或转让相应代持股份的,将无条件配合办理;本协议根据中华人民共和国法律制定并据其进行解释,如有争议事项提交张家港市人民法院处理。王任斌在签署页协议相关方一栏签名。

同日,许某华、翁某强(均为转让方、甲方),新洲际公司股东、蒋德兴、赵某云、王任斌(均为收购方、乙方)签订《关于中钢钢铁的股权收购协议书》,主要内容为:新洲际公司之股东拟成立新洲际公司,在埃塞俄比亚投资钢铁业务;转让方目前在埃塞俄比亚投资局注册登记成立三元钢铁埃塞俄比亚有限公司,现已更名为中钢公司;新洲际公司拟以自身及蒋德兴、赵某云、王任斌名义按照本协议约定的条件及条款收购转让方持有的目标公司的全部股权;甲、乙双方同意并确认本协议项下的股权转让价款为400万元人民币;甲、乙双方同意,满足以下条件后一次性支付转让价款:目标公司在埃塞投资局过户登记至项目公司及蒋德兴、赵某云、王任斌名下……;甲方承诺在新洲际公司设立后30天内将中钢公司全部股权过户登记至及总经理变更至项目公司及蒋德兴、赵某云、王任斌名下,具体受让人及受让比例,由中钢公司确定。该协议落款处王任斌并未签名。嗣后,许某华、翁某强出具付款说明,要求新洲际公司将股权转让款付给缪某伟。2016年5月5日,新洲际公司以银行转账方式支付给缪某伟股权转让款400万元。

2016年3月16日,新洲际公司登记成立,登记股东为奥澜德公司、金帆公司、埃米尔特公司、诚晟公司、赵某云、缪某伟、蒋德兴、郭某雷、秦某新,持股比例与《投资合作协议》中约定一致。

2016年4月12日,中钢公司形成《股东和新买家特别会议纪要》,主要内容为:股东许某华、翁某强将持有的中钢公司股份转让给新洲际公司、蒋德兴、赵某云、王任斌,新买家已向现有股东支付了出售资金,因此转让后新洲际公司持3880股,蒋德兴、赵某云、王任斌均持40股。王任斌等人在纪要上签名。中钢公司修订后的章程也体现了上述内容。

2019年2月12日,新洲际公司形成董事会会议决议,主要内容为:鉴于中钢公司的唯一实际投资人为新洲际公司,蒋德兴、赵某云、王任斌为名义股东,该三人实际为新洲际公司代持股份,各董事认为,为避免争议,现将各名义投资人赵某云、王任斌的代持股份全部变更至新洲际公司名下,自即日起办理赵某云、王任斌所代持中钢公司股份之归位事宜,最终在埃塞俄比亚投资局将赵某云、王任斌所代持中钢公司全部股份变更至新洲际公司。

2019年3月15日,新洲际公司委托律师向王任斌发出《律师函》,主要内容为:新洲际公司限王任斌于2019年3月20日前至张家港市公证处办理代持股份变更的授权公证手续,授权新洲际公司指定人员至埃塞俄比亚投资局办理所有代持股份变更至新洲际公司。该邮件于2019年3月16日妥投。

2019年4月20日,新洲际公司形成股东会议决议,主要内容与2019年2月12日董事会会议决议一致。

中钢公司目前登记的股东持股情况为:新洲际公司持有558056股,价格总计558056000埃塞俄比亚比尔,蒋德兴、赵某云、王任斌各持有40股,价格总计均为40000埃塞俄比亚比尔(按2020年8月19日汇率:1埃塞俄比亚比尔=0.1910元人民币,折合成人民币为7640元)。

一审另查明,蒋德兴为奥澜德公司的控股股东。2008年12月2日至2019年11月11日,蒋德兴与王任斌系翁婿关系。

一审法院认为:新洲际公司要求王任

斌将持有第三人中钢公司的40股股份无偿转让给新洲际公司并办理相应的股权变更登记手续，因第三人中钢公司系埃塞俄比亚企业，案涉诉讼标的具有涉外因素，系涉外诉讼。根据《中华人民共和国涉外民事关系法律适用法》第四十一条之规定，当事人可以协议选择合同适用的法律。因《投资合作协议》中明确约定适用中华人民共和国法律，故本案应适用中华人民共和国法律。

本案立案案由为确认合同有效纠纷，结合新洲际公司诉讼请求及当事人庭审意见，新洲际公司要求王任斌将持有的40股股份无偿转让给新洲际公司及办理相应的股权变更登记，故本案案由应为股权转让纠纷、请求变更公司登记纠纷。

本案的争议焦点为：王任斌持有的中钢公司的股份是否为新洲际公司代持？

一审法院认为，虽然《投资合作协议》签订时新洲际公司尚未成立，但各股东在《投资合作协议》中已明确约定项目公司名称暂定为江苏新洲际国际贸易有限公司（具体名称及经营范围以工商部门核准为准），以项目公司名义投资于非洲埃塞俄比亚的目标公司即中钢公司，王任斌等三人持有目标公司的股权系为项目公司代持，代持比例为1%。新洲际公司于2016年3月16日成立，工商登记名称、各股东持股比例与《投资合作协议》中约定一致，本案中的新洲际公司即为《投资合作协议》中的项目公司，《投资合作协议》中约定了项目公司与王任斌等人权利义务，因此新洲际公司有权提起本案诉讼，其主体适格。

一审法院认为，王任斌系为新洲际公司代持中钢公司股份。理由如下：

首先，虽然王任斌对新洲际公司提供的《投资合作协议》内容的真实性不认可，但其确认签署页是其本人签名，也未提供相反证据推翻《投资合作协议》的内容。其次，秦某新、闻某松、赵某云作为《投资合作协议》的签署人或参与者，对王任斌等三人为新洲际公司各代持中钢公司1%的股份作出的陈述一致；奥澜德公司作为新洲际公司最大的股东（持股38%），由奥澜德公司的控股股东蒋德兴及蒋德兴当时的女婿王任斌作为名义股东代持，金帆公司作为新洲际公司第二大股东（持股23%）派出赵某云作为名义股东代持，这一说法更具有合理性。最后，中钢公司的股权转让款全部为新洲际公司支付，秦某新、闻某松（诚晟公司的代表）、赵某云作为新洲际公司的股东，均明确没有将中钢公司1%的股份赠送给王任斌的意思表示，王任斌亦未提供证据证明新洲际公司有将案涉股份赠送给王任斌的意思表示。综上，一审法院认定王任斌所持有的中钢公司1%股份是为新洲际公司代持，新洲际公司有权按协议约定，要求王任斌转让股份。新洲际公司已于2019年2月12日形成董事会决议，要求王任斌将其代持的中钢公司的股份无偿返还给新洲际公司。现新洲际公司要求王任斌将其代持的中钢公司的股份无偿返还给新洲际公司，符合中华人民共和国的法律规定及双方在《投资合作协议》中的约定。

因中钢公司系埃塞俄比亚企业，标的股权的变更应符合埃塞俄比亚的相关法律规定。《埃塞俄比亚 1960 年商法典》第七典第二章第五百二十三条第一款规定，除非公司章程另有规定，对股东之间的股份转让没有任何限制，新洲际公司本身是中钢公司的股东，王任斌将股份转让给新洲际公司属于股东之间的转让，中钢公司章程中对股东间的转让也未有限制性规定，因此，新洲际公司要求王任斌将该 40 股股份返还给新洲际公司，并办理相应的股权变更登记手续，符合埃塞俄比亚法律的规定。

综上，新洲际公司的诉讼请求符合中华人民共和国及埃塞俄比亚的法律规定，也符合双方当事人的约定，对新洲际公司的诉讼请求予以支持。遂依照《中华人民共和国涉外民事关系法律适用法》第十条、第四十一条，《中华人民共和国公司法》第三十二条，《最高人民法院关于适用〈中华人民共和国公司法〉若干问题的规定（三）》第二十四条的规定，判决：王任斌应于判决生效后十日内将其名下持有的中钢公司的 40 股股份无偿转让给新洲际公司，并办理相应的股份变更登记手续。案件受理费 50 元，由王任斌负担。

二审中，双方当事人均未提供新的证据。一审法院已查明的事实，本院予以确认。

关于本案中适用法律的问题，一审中王任斌对于新洲际公司提供的《埃塞俄比亚 1960 年商法典》相关网页打印内容不予认可。为此，本院委托苏州国际商事法庭专家委员会专家对本案所涉的埃塞俄比亚有关法律规定进行查明并出具咨询意见。

根据专家查明的结果，本院查明：《埃塞俄比亚 1960 年商法典》第五百二十二条规定：股权转让应以书面形式进行，除非已记入股份登记簿，否则对公司或第三方无效；第五百二十三条规定：除章程另有规定外，股东之间的股份转让不受限制……”

专家咨询意见为：（1）除非中钢公司的公司章程另有约定，王任斌与新洲际公司可以自由转让中钢公司的股份，此种转让不受限制；（2）王任斌与新洲际公司关于中钢公司的股份转让应以书面形式进行，且需记入中钢公司的股份登记簿，否则对公司或第三人无约束力；（3）如果王任斌与新洲际公司关于中钢公司的股份转让协议未采取书面形式，则应认定该协议并未成立。

针对专家咨询意见，王任斌质证认为，如果王任斌与新洲际公司关于中钢公司的股权转让协议未采取书面形式，应当认定该协议未成立。实际上，双方之间并没有任何股权转让的合意，股权转让协议未成立。案涉股权本就是王任斌持有，从来没有作出过转让股权的意思表示；新洲际公司质证认为，专家给出的意见与新洲际公司一审中提供的法律依据是相符的。专家的意见是正确的，但是需要进一步解释。如果王任斌与新洲际公司之间履行了《投资合作协议》第1.3款的内容，本身就是一个书面的股权转让协议。如果王任斌不履行该份协议，新洲际公司向法院提起诉讼，法院作出裁决，生效的法律文书亦是书面形式。新洲际公司曾向埃塞俄比亚国家投资局咨询，反馈意见是根据法律文书可以进行股权的变更登记。

二审中，新洲际公司、王任斌与中钢公司均确认中钢公司现行有效的公司章程中对于公司股东之间相互转让股份未作出限制性的规定。

另外，中钢公司称，埃塞俄比亚负责公司注册登记事项的主管部门为该国的国家投资局。中钢公司当前的股东在2016年自前手股东许某华、翁某强处受让股份时，系由出让和受让股份的双方共同向埃塞俄比亚国家投资局提交股权转让协议以及中钢公司关于股权变更的章程修正案。中钢公司同时确认，如果法院最终判决认定王任斌应当将股份变更登记至新洲际公司名下，其愿意配合履行将新的股权登记情况记入公司股份登记簿中等各项手续。

本院认为：新洲际公司起诉要求王任斌将其持有的中钢公司40股股份无偿转让给其，并办理相应的股权变更登记手续，本案诉讼的争议标的系埃塞俄比亚企业中钢公司的股份。故根据《最高人民法院关于适用〈中华人民共和国涉外民事关系法律适用法〉若干问题的解释（一）》第一条的规定，本案系标的在中华人民共和国领域外的涉外民商事纠纷，应当根据《中华人民共和国涉外民事关系法律适用法》的规定确定适用的法律。

本案主要审理两部分内容。其一，王任斌与新洲际公司是否存在股权代持合意，该问题实际系《投资合作协议》履行中产生的争议。因双方在该协议中明确约定适用中华人民共和国法律，根据《中华人民共和国涉外民事关系法律适用法》第四十一条的规定，对于双方之间就协议履行中产生的关于股权实际归属、股权代持等权利义务关系的争议，应当适用中华人民共和国法律进行审理和认定。其二，新洲际公司要求王任斌无偿转让并办理变更登记的诉讼请求是否能够实现。《中华人民共和国涉外民事关系法律适用法》第十四条第一款规定："法人及其分支机构的民事权利能力、民事行为能力、组织机构、股东权利义务等事项，适用登记地法律。"本案中，新洲际公司请求实现股权变更登记的事项涉及法人成员的加入、退出等公司内部管理及股东权利义务变动等问题，系属法人属人法适用的范围，故应当适用中钢公司登记地埃塞俄比亚相关法律规定进行审查。

首先，关于新洲际公司与王任斌之间是否存在股权代持关系的问题。《最高人民法院关于适用〈中华人民共和国公司法〉若干问题的规定（三）》第二十四条第一款规定："有限责任公司的实际出资人与名义出资人订立合同，约定由实际出资人出资并享有投资权益，以名义出资人为名义股东……如无法律规定的无效情形，人民法院应当认定该合同有效。"本案中，《投资合作协议》明确载明"目标公司实际为项目公司（新洲际公司）的全资子公司，王任斌名义持有目标公司的股权系为项目公司代持……将王任斌登记为股东是为满足当地法律规定以及签证的便利"，该协议不存在法律规定的无效情形，应当认定为合法有效。同时，新洲际公司提供了相关付款凭证，而王任斌无法提供证据证明其向原股东支付了股权转让款。故，上述事实足以证明王任斌系名义出资人，新洲际公司系实际出资人，双方之间存在代持股关系。

王任斌对于其签字的真实性没有异议，其虽在"协议相关方"的位置签字，但也应视为对于协议内容予以认可，应当受相关条款的约束。其虽然主张协议是为了诉讼而准备的虚假合同，但并未提供足以推翻该协议的其他证据，故应承担举证不能的后果。另外，王任斌还主张新洲际公司已将案涉股份赠与其，但也未在本案中提供相应证据予以佐证，仅依据王任斌与新洲际公司法定代表人蒋德兴之间的身份关系，尚不足以证明赠与的事实。因此，本院对于王任斌的上诉意见均不予采纳。

其次，关于转让及办理股权变更登记的问题。一方面，根据《埃塞俄比亚1960年商法典》的规定，转让公司股权应以书面形式进行，且需记入股份登记簿。对此，《投资合作协议》在约定"无偿代持"的同时还约定"如新洲际公司决定更换代持人或转让相应代持股份的，王任斌将无条件配合办理"。上述条款已包含了股权转让的相对方、发起股权转让的条件以及转让的对价等必要条款，故应当视为双方对于股权转让形成了书面协议，只要新洲际公司提出变更的要求，王任斌即应当履行。另一方面，《埃塞俄比亚1960年商法典》还规定，除非公司章程另有约定，公司股东之间可以自由转让股份。在本案中，各方均已确认中钢公司的公司章程并无限制股东之间转让股份的规定。也就是说，若在本案中判令王任斌限期作出股份变更登记手续的行为，不会出现因违反埃塞俄比亚当地的法律规定，导致在其主管机关无法得到执行的情形。综上，双方存在书面的股权转让协议，中钢公司也明确同意将股权变更事项记入公司的登记簿中，新洲际公司要求王任斌办理股份变更登记手续，亦符合埃塞俄比亚的相关法律规定。

综上所述，王任斌的上诉请求不能成立，应予驳回。依照《中华人民共和国涉外民事关系法律适用法》第十条、第十四条、第四十一条，《最高人民法院关于适用〈中华人民共和国涉外民事关系法律适用法〉若干问题的解释（一）》第一条，《最高人民法院关于适用〈中华人民共和国公司法〉若干问题的规定（三）》第二十四条，《埃塞俄比亚1960年商法典》第五百二十二条、第五百二十三条，《中华人民共和国民事诉讼法》第一百七十条第一款第一项规定，判决如下：

驳回上诉，维持原判。

二审案件受理费50元，由上诉人王任斌负担。

本判决为终审判决。

审判长　杨恩乾
审判员　蔡燕芳
审判员　李　诚

二〇二一年六月二十三日

书记员　刘益帆

江苏省人民代表大会常务委员会任免名单

（2023 年 5 月 31 日江苏省第十四届人民代表大会常务委员会第三次会议通过）

任命章润为省高级人民法院副院长、审判委员会委员、审判员；

任命冯洁语、徐凌波、尹培培、惠林为省高级人民法院审判员；

任命周杨明为南京海事法院审判委员会委员、海事审判庭庭长；

任命沈燕为南京海事法院海商审判庭庭长；

任命王德荣为南京海事法院南通法庭庭长；

任命王天红为南京海事法院审判委员会委员、苏州法庭庭长；

任命曹智勇为南京海事法院连云港法庭副庭长；

免去徐安欣的省高级人民法院审判委员会委员、审判员职务；

免去黄琰的省高级人民法院刑事审判第一庭副庭长、审判员职务；

免去申本岭、周晓璐、陈军、刘燕、杨晓、王强的省高级人民法院审判员职务；

免去沈燕的南京海事法院苏州法庭庭长职务；

免去王德荣的南京海事法院海商审判庭庭长职务；

免去王天红的南京海事法院海事审判庭副庭长职务。